MASTERS METHOD

野球センスの極意

走攻守・バッテリー能力&マルチなセンスの磨き方

立浪和義 著

廣済堂出版

野球センスの極意

はじめに

野球の世界で当たり前のように使われる、「センス」(sense)というキーワード。辞書(『デジタル大辞泉』より)で調べると、次の2項の意味と用例が書かれていた。
1．物事の感じや味わいを微妙な点まで悟る働き。感覚。また、それが具体的に表現されたもの。「文学的なセンスがある」「センスのよくない服装」「バッティングセンス」
2．判断力。思慮。良識。「社会人としてのセンスを問われる」
まさか、用例の1つに「バッティングセンス」があるとは思わなかった。野球界だけでなく、社会的にも認知されていると考えていいのだろう。1番目の項の意味に沿って日本語に直訳すると、「打撃の感覚」だろうか。ほかにも、「野球センス」「ピッチングセンス」「守備センス」「走塁センス」など、ファンも選手も解説者も指導者も、野球を語るときに「～センス」という言葉を使っている。また、センスの意味としてこの辞書の2番目の項に書かれていた「判断力」も、とくに守備・走塁などにおいて重要とされる能力。このように、元来、センスという言葉は様々な意味を持っているわけだが、いずれにしても、野球と関係の深いキーワードと言えるだろう。

そんな野球とセンスを結びつけた用語「野球センス」を、史上初めて丸ごと一冊テーマにしたのが、本書だ。洋服好きなら「ファッションセンス」、作曲・演奏を手がける人なら「音楽センス」、この本のような書籍や雑誌を作る人間なら「編集センス」を欲しがるらしいが、同様に、野球に携《たずさ》わる人なら誰もが憧《あこが》れ、手に入れたいのが「野球センス」に違いない。プロ・アマ問わず、少年野球や草野球の選手もみな、身につけたいものではないか。

小柄でパワータイプではない私だが、攻守両面でいくらかチームに貢献できたためか、高校時代からありがたいことに、「センスがいい」と、評価してもらうことが多かった。当時の大人気アイドルグループ・光ＧＥＮＪＩが歌った『ガラスの十代』をアレンジした私の応援歌の歌詞にも、「生まれ持つ野球センス」というフレーズが取り入れられた。

この歌詞にあるとおり、「野球センス＝生まれ持った先天的なもの」というイメージを持つ人もいるだろう。私も、バッターで言えば遠くに飛ばすこと、ピッチャーであれば１５０キロ以上のスピードボールを投げること、そして足が速いことなどは、ある種の生まれ持った才能によるところが大きいと感じている。

しかし、先天的に右記の１つの能力を持っていても、ほかの能力が備わっていなければ、その人に「野球センス」があると言えるのかと、ふと疑問がわく。例えば、当たれば遠くに打球は飛ばせるが、ほとんど三振ばかりで、走塁・守備能力にも乏しい選手。１５０キロ以上の速球を投げられるが、ノーコンで、フィールディングやバントも苦手な投手。足は速いが、スタートや状況判断の面で問題があり、走塁・盗塁に生かせていない選手など。こう考えると、「野球センス」とは、マルチに優れた選手に与えられる称号のような気がする。そうした複合的な能力を構成する1つひとつには、後天的に身につくものも、意外と多い。

また、パワーのみに頼った能力も、「野球センス」とは少しずれるのではないか。どちらかと言えば、試合経験から「野球脳」が発達して前述の辞書にもあるような「状況判断力」に優れたプレーや、見るものを惹《ひ》きつけるような「オシャレさ」のあるプレーなどが、センスに該当すると思う。ただし、力に恵まれた人でも、体を持て余さずしなやかに使い、野球に関する能力全体にうまく生かしているならば、そこに野球センスを見いだせるだろう。

このように、野球センスがそれほど先天的なものばかりではないことを、ご理解いただけただろうか。そもそも、先天的な例として挙げた「球を遠くへ飛ばす」「速い球を投げる」といった個別能力でさえ、進化したトレーニング法・指導法が見受けられる現代では、技術を磨くことによって、後天的にも、ある程度はカバーできるようになっている。

本書『野球センスの極意』では、プロ選手のセンスを感じさせるプレーを題材に、センスの後天的な磨き方などを掘り下げた。読者の方々が求める野球センスの習得に役立ててほしい。私が野球論を語る「極意」シリーズは、『攻撃的守備の極意』『長打力を高める極意』『二遊間の極意』（いずれも、廣済堂出版刊）に続く4作目。おかげさまでどれも好評で、今回も世に送り出せた。野球センス全体の話のほか、各章ごとに、打撃、守備、走塁や、投手・捕手などの個別のセンス、プレー以外の部分でのセンスにも言及した。

さらに今回も、一流選手との対談を盛り込んだ。２０１６年に、３割、ゴールデングラブ賞受賞などで、チーム25年ぶりのリーグ優勝に貢献した「神《かみ》ってる」男・鈴木誠也《せいや》選手（広島東洋カープ）とは、打撃と守備センスをテーマに。投球術に長《た》けて「七色の変化球の使い手」として名高く、最多勝２度、沢村賞に輝いたこともある金子千尋《ちひろ》投手（オリックス・バファローズ）とは、投手センス・バッテリーセンスについて対談。締めに、私と同じく解説者で、現役時代には1年目から5年連続の盗塁王を獲得したスピードスター・赤星憲広《あかほしのりひろ》選手（元阪神タイガース）に登場してもらった。走塁センスの極意を語り合うとともに、野球センス全般にも話を広げ、その延長で、センスあふれる選手のベストナインを選定した。対談相手3人みな、野球センスやプロならではの技術や思考を持つ。ファンのみならず、現役選手にもぜひ読んでもらいたい、おすすめの対談となっている。

なお既刊同様に、引退した元選手・元投手に対しても、現役時のエピソードを中心に扱っていることから、「選手」「投手」という表記にさせていただいていることをご了承願いたい。

立浪和義

野球センスの極意　目次

特別対談 Part 1

第4章 投手・捕手センス解説&列伝〜バッテリーの野球センス……125

特別対談 Part 2

第5章 走塁センス解説&列伝～野球センスに求められる足

第1章 「立浪流」野球センスの極意〜センスの実態・高め方

――難しい「野球センスの概念」を定義する

野球センス――。正直言って、難しいテーマだ。人によって、イメージする野球センスは、天性の才能や、走攻守のオールラウンド性、投球術、頭脳プレーなど様々で、共通理解をはかって定義を明確化するのが容易ではないからである。

そもそも、センスというのは、どんなジャンルでも、どちらかと言えば、相手・第三者らが対象物に対していただいたり、評価して口にしたりするもの。「ファッションセンス」も「音楽センス」も「文学センス」も、普通、本人が「僕は、○○センスがあります」「これが○○センスだ」と自慢げに発言するのではなく、周囲が「あの人は、○○センスがあるよね」と話題にする類《たぐい》だ。

同様に、野球センスの有無や、そのポイントも、当の選手より、多くのファンや評論家たちが様々に感じて評価した集大成のようなもの。本人にせよ傍観者にせよ、1人の感性で決定づけられる種類ではないだろう。

このように、「野球センスとは、なにか？」にもいろいろな意見があるわけだが、一方で、大多数のイメージする共通項もあり、その集約も可能だと思っている。そこで、本書で定義する「野球センス」も、世間一般がイメージする最大公約数の感覚を、なるべく意識したい。もちろん私なりの考え方もはさみながら、結論に落とし込もうと思う。

共通概念としての「野球センスがある」具体的なプレー内容や習得法の紹介は後述するとして、1つ、基本的なスタンスは、「プロ野球選手だからといって、全員が野球センスにあふれているとは限らない」としたい。プロなら、二軍暮らしの選手でも世間一般より「野球がうまい」「技術が高い」のは当たり前だが、センスと完全には重ならないと思うのだ。

実際、プロ野球観戦しているファンの方々は、ひいきチームの選手が判断ミスをすると「センスないプレーするなよー」と嘆き、相手側がおかしな配球をしてくれたおかげで点が入ると「バッテリーのセンスがいまいちで、助かった」と思うだろう。私も解説をしているときに、口にはしないものの、「この選手は野球センスがないな」と感じることがある。この辺は、みなさんと私との共通認識として良いのではないだろうか。

ほかにも、一致していると思われる概念がある。それは、観戦しているファンや、アマチュア・少年野球のプレーヤーたち（現役プロ選手も!?）に、とにかく、「憧《あこが》れる」「手に入れたい」「格好いい」と思わせるのが、「野球センス」だということだ。

仕事の忙しい中、休日に草野球で頑張っていて、本書を手にとられたような方は、その辺も気になっているかと思う。魅力にあふれ、時に美しく、オシャレさも備えてアピール度満点のセンスあるプレーのマスター法を、数多く解説していくつもりだ。

機転が利いたオシャレさや頭の良さのあるプレーは、体格にあまり頼らずに、攻守両方や判断力に秀《ひい》でたような選手から生まれがち。そういう意味では、対極にある「パワーのみに頼ったプレー」は、一般的にイメージする「野球センス」からは、少し離れてしまう。だが、巨体のプロ選手であっても、体をしなやかにうまく使って力だけに頼らずにこなしている点があれば、みなさんが学べるハウトゥーとして成立するはずなので、触れていきたい。

そして、「打球を飛ばすセンス」「ミートするセンス」、「打球を捕るセンス」「スローイングのセンス」、「スタートのセンス」「スライディングのセンス」や、それらを一度集約した「打撃センス」「守備センス」「走塁センス」という表現でもなく、さらに総合的な「野球センス」という言い方にこだわれば、おのずと一分野のスペシャリストより、複数のカテゴリーで優れている選手を指すことになる。本書中、個別のセンスを深く解説はするが、最終的には、「トータル的な野球センス」プレーヤーを目指すノウハウを記したつもりだ。

さらに、センス習得法にも配慮を施《ほどこ》した。無駄に長い猛特訓の練習や根性トレーニングで仮に精神・体力面にプラスがあったとしても、それは、本書読者が求める野球センスではないだろう。非効率な練習法を推奨《すいしょう》したら、それこそ「センスがない」とお叱《しか》りを受けそうだ。もちろん、努力は必要だが、効率的でセンスある「正しい努力法」を示したい。

「先天的な野球センス」と「先天的な1つの能力」は別のもの

私は数多くの選手と出会ってきたが、2種類の野球センスが存在すると思っている。持って生まれた「先天的な野球センス」と、練習や経験で磨かれた「後天的な野球センス」だ。まず「先天的な野球センス」に関してだが、これは「先天的な個別の能力」とは、別のものだと考える。

「はじめに」でも書いたとおり、「先天的な能力」の代表例は、打球を遠くに飛ばすこと、150キロ以上の速球を投げること、足が速いこと。天才的コントロールやスローイングの良さも含まれるかもしれない。ただ、これらはあくまで、持って生まれた「能力」。こうした能力1つだけでは、「先天的な野球センスがある」とは言いづらい。打球を遠くに飛ばす能力がずば抜けていても、ミート能力がなくて打率1割台では、「先天的な野球センス」を感じとれない。仮にホームランを量産していても、「野球センス視点」では、このタイプはなかなか憧れの対象とならないはずだ。

また、以前、世界レベルのやり投げ選手が野球のボールを投げたら、時速140、150キロレベルを記録したことがあったらしい。しかし当然、それもイコール野球センスで評価されるわけではない（もしかしたら、幼いうちからずっと野球をやっていれば、プロレベルのトータル的な才能を発揮した可能性もないとは言えないが）。

さらに、かつて、陸上男子100メートルで10秒1（手動）という当時の日本記録を保持していた飯島秀雄さんがロッテオリオンズ（現千葉ロッテマリーンズ）に入団し、代走専門としてプレーして話題を集めた。超快足だがほとんど野球経験のない飯島さんは、117回の代走起用で（1969～71年の3年間）、盗塁成功23回、失敗17回、牽制《けんせい》死5回。観客動員数増にも寄与し、素晴らしいチャレンジだったと思う。だがこれも、足の速さだけでは、盗塁・走塁面や野球センスにさほどつながらないことを示しているのではないか。

このようなことから、「先天的な個別の能力」1つだけでは「野球センス」があるわけではないと考える。ほかの部分でも、ある程度の才能があるか、少なくとも足を引っ張らない程度の能力を持ち合わせている必要がある。突出した能力はもちろんあったほうがいいが、それを実戦に生かしてこその野球センスなのだ。

一方で、本当の「先天的な野球センス」を持つプレーヤーもいると思う。むしろ、モンスター級の個別能力はなくても、野球に関する様々な才能を高いレベルでバランス良く、生まれながらにして持っている選手。教えられなくても子どものうちから天才的にオールラウンドにでき、しかも早熟で終わらずにプロ選手として大成する人。これこそ、私の現役時代の応援歌の中にもあった、「生まれ持つ野球センス」と言えるものだ。ただ、おことわりしておくが、私は自分自身をそうした選手だったとは思っていない。

チームメイトにも恵まれ、主将だったPL学園高校3年時（1987年）に、甲子園春夏連覇を達成。高卒でのプロ入り1年目からショートのレギュラーで起用され、新人王にも選んでいただいた。そんなところから、私にはもったいないことに、この歌詞が使われるようになり、本書の企画の依頼も来たのだと思う。

しかし、私は子どものころから天才性を発揮していた自覚はなく、それなりの努力と練習に打ち込み、指導者たちや環境にも恵まれ、なんとかプロレベルの領域にたどりつけたと感じている。しいて言えば、一般男性と変わらないご覧のとおりの小柄の体や、若かりしころの走攻守の実戦的なプレースタイルが「野球センス」に結びつき、歌詞フレーズにしていただいたのではないだろうか。

私のことはともかく、「天性の野球センス」は、確かに存在していると思う。だが、それを将来に生かせるかは、別問題だ。

野球に関する才能は全体的に豊かだったのに、なにかしらの理由で成長できず、プロ選手になれなかったり、プロ入りしても二軍暮らしのまま引退を余儀なくされたりした選手は無数にいる。「先天的な野球センスはあるのに、今のところ本領を発揮できていない若

長打を放ち、二塁へ向かう著者。攻守にわたって野球センスあふれるプレーを見せ続けた。

手・中堅選手」といったような常套句《じょうとうく》を、よく見聞きする。ただ、それらは、奮起を促《うなが》す叱咤激励《しったげきれい》や単なる期待の側面が強く、本当にその選手に「隠された野球センス」を見い出しているかは、疑問を感じる。さらに言えば、「そもそも、本当に野球センスがあるなら、結果が出ているはず」という見方もできる。もしかしたら、「先天的な野球センスを持つ選手」の話を持ち出す場合は、ある程度プロ球界で成功したプレーヤーに限ったほうがわかりやすいのかもしれない。

後天的な野球センスは、練習や試合で伸びていく

「場外ホームラン級の打球を飛ばす」などの怪物的な能力や、生まれついてトータル的になんでもできてしまう天才的な野球センスとは異なる、後天的な野球センスも存在する。

例えば、「足の速さ」は先天的だが、「走塁面の野球センス」に話を広げれば、盗塁のスタート、相手のタッチを交わす巧《たく》みなスライディング、ベースランニングのうまさ、走塁の判断力など、実は後天的に身につく要素が多いこともわかる。

バッティングで配球を読んで打つこと、ピッチングで間合いを外すこと、守備で難しいボールを捕ることなども、後天的に十分に養えて、より実戦の中で求められる野球センス

と言える。とくに捕ることは、成人してからでも技術を習得できる。練習でノックをたくさん受け、大事にすべきポイントをしっかりと押さえれば、捕球は上達する。このあたりは、「守備センス」の章（第3章）で詳しく紹介した。「正しい努力法」で、様々な野球センスを身につけ、レベルアップさせていくことが可能なのだ。

配球を読んだり、間合いを外す感覚は、試合経験を積む中で磨かれる。「あの選手は野球をよく知っていて、センスがある」と表現されるようなことは、後天的に身につくことが本当に多い。意識を高め、思考力を磨くことも、立派な野球センスの1つと言える。

また、先天的と思われる「打球を遠くへ飛ばす」「速い球を投げる」などの能力も、トレーニングや指導法が進化した現代では、後天的な技術習得によって、ある程度は伸ばせる。

そして、先天的・後天的双方の野球センスに言えるのは、練習を積み重ねなければ、試合で使えるものにならないこと。先天的才能を生かすのも「センス」、正しい努力ができて後天的に成長できるのも「センス」。野球センスを生かすも殺すも、自分次第なのだ。

持っている感覚をさらに伸ばせるのか、あるいは伸ばしきれずに終わるのか。読売ジャイアンツやニューヨーク・ヤンキースなどで活躍した松井秀喜選手は「努力できることが才能である」という言葉を座右《ざゆう》の銘《めい》にしていたと聞くが、まさにそのとおり。センスに頼って溺《おぼ》れては、一流選手への道は開かない。ましてや、息の長い選手になるのは難しい。

モノマネで、野球センスを磨く

自分で認めるのもおこがましいが、私は少年期からバットの芯《しん》でボールをとらえる感覚や、ヒジをたたんでインコースを打つ技術は、まわりより優れていたようだ。

なぜ、人に評価される野球センスが身についたか。振り返ると、モノマネが大きかったと思う。当時のプロ野球選手の打ち方をよくマネしていた。王貞治さん（元巨人、現福岡ソフトバンクホークス球団会長）の一本足打法が好きで、右足を高々と上げる打法で遊んだ記憶がある。背は小さかったが、運動能力や身のこなしには自信があったので、いろいろなマネをすることにより、野球につながるセンスが磨かれたのかもしれない。

モノマネで、新たな才能に気づくこともある。私は右打ちだったが、父親のすすめもあり、小学校4年生のころに左バッターになった。私自身も左打ちのほうがスムーズに振れた思い出がある。おそらく、遊びの中で多くの選手のマネをしてきたからではないか。右打者が左打者のモノマネをしたときに、「あれ？　こっちのほうが強く振れる」と思うこともあり、こんなきっかけで、左打者としての野球センスに気づく可能性もあるのだ。

今で言えば、2017年春に開催された第4回WBC（ワールド・ベースボール・クラシック）をきっかけに、牧田和久《まきた》投手（埼玉西武ライオンズ）のアンダースローに憧れをいだいた野球少年がいるかもしれない。120キロ台後半の直球でも、屈強《くっきょう》な外国人打者を封じる姿に、心躍ったファンも多い。こういうことは、どんどんマネをしてほしい。高校生ぐらいになれば、「俺はオーバースローとしてのセンスはないけれど、アンダースローなら生きる道はあるかも！」と感じることもあるだろう。

昔も今も、モノマネがじょうずな選手は野球センスがいいことが多い。目で見たことを、自分の体で再現できる。これも1つの才能だ。イメージと現実のギャップが少ないと言える。プロ野球選手も、ウォーミングアップやキャッチボールのときに、遊びでモノマネをしている場合があるが、総じてうまいものだ。それだけ、野球センスがある証拠。こういった選手は、技術の習得も動作の改善も早い。モノマネ対象は、身近な先輩やチームメイトでも十分だ。「なぜ、あの人はあんなに打てるんだろう？」という疑問や興味がわくはず。先輩と同じように打っているつもりでも、マネしてみると、ヒジの使い方やスイング軌道が違うことに気づくはずだ。

また、動きをマネしようと思えば、様々な角度からの観察が必要。打席に入ったバッターを四方向から見ると、今まで気づかなかった技術や感覚を手に入れられることもある。そして、モノマネ以前にぜひ活用してほしいのが、自分の打撃や投球のフォームを映像で確認すること。理想のイメージと、実際の動きのずれが一目でわかる。このずれを埋《う》める作業をすることで、野球センスも磨かれる。

今は非常に便利な時代で、スマートフォンがあれば簡単に動画を撮影でき、その場で映像を見られる。スローモーションでの撮影も可能だ。これを生かさない手はない。映像を保存しておけば、フォームの変遷《へんせん》もわかる。とくに、常にスマートフォンを持ち歩いている草野球プレーヤーにはおすすめだ。自分では華麗に格好良く打っているつもりでも、実際は体が動いておらず、完全な手打ちだった……なんてこともある。

私は現役時代、調子が落ちると、バッティングの映像を見るようにしていた。映像に嘘《うそ》はなく、前足を踏み込むステップが広くなっていたり、トップ（前足を着いて、まさに打ちにいこうとする瞬間のバットの位置）が浅くなっていたりと、自分ではわからなかった点を気づかせてくれることが多い。客観的な目を持つことが、技術の向上につながる。

向上心や弱みこそ、センスアップにつながる

先ほど、「少年期から、まわりより優れている部分があった」と書いたが、だからといって天狗《てんぐ》にはならなかった。それは、「自分が一番」と思える環境にいなかったからだ。

ＰＬ学園の3年時に春夏連覇を果たしたとき、セカンドに尾崎晃久というチームメイトがいた。彼を小学生のときから知っていたが、当時から非常に大人っぽいプレーを見せ、1人だけ高校生のような完成度の高さを誇っていた。打っても投げても、尾崎には勝てない。ひと言で表現すれば「抜群の野球センス」。その後、近畿大学に進み、社会人野球の川崎製鉄水島でも活躍した。また、3年夏に甲子園に出場したときは、奈良代表の天理高校に大平幸治(のちに明治大学→日産自動車)というショートがいた。彼とは大阪のボーイズリーグで戦ったこともあったが、守備がびっくりするほどうまかった。「こんなにうまいショートがいるのか」と、大きな刺激になったものだ。

そして、ＰＬ学園では2学年上で桑田真澄《ますみ》さん（元巨人など）と清原和博さん（元西武ライオンズ、巨人など）がプレーされていた。「すごい」という言葉だけでは形容できない先輩たちで、このレベルにならなければプロには入れないと思ったものだ。ＰＬ学園ではフリーバッティングのときに、金属バットよりも芯の幅が狭い合板《ごうはん》バット（木と竹を合わせたバット）を使っていたが、清原さんはこのバットでライト方向に柵《さく》越えを連発。飛ばすパワーだけでなく、芯でとらえるバットコントロールのセンスもずば抜けていた。

母校・ＰＬ学園の硬式野球部が高野連を脱退するというニュースが報じられたのが、17年3月30日。その2日後、春のセンバツ甲子園では、大阪桐蔭《とういん》高校対履正社《りせいしゃ》高校の決勝戦が行われ、史上初の大阪決戦として注目を集めた。

大阪桐蔭には大阪府外出身の選手も多かったが、それを考慮しても大阪のレベルの高さを示した。私も野球激戦区・大阪で育ったことによって、「上には上がいる」「自分がいちばんうまいわけではない」と常に感じながら野球をすることができた。その環境にいたからこそ、上のレベルを目指して練習を積み重ねられたと思っている。

打撃にはある程度の自信があり、プロで打率3割を7度（規定打席以上）、日本歴代1位の通算二塁打487本も記録できた。だが、スローイングに難点があり、そのセンスがないことも自覚していた。リリースのときに利き手が頭から離れ、送球を引っかけたり、抜けることがあったのだ。だからこそ、小さいころから部屋で仰向《あおむ》けに寝転び、天井に向かってボールを投げ上げたり、練習でのキャッチボールを大切にした。1球1球相手の胸を狙《ねら》って強いボールを投げる。その積み重ねが、プロ入り後、ショートで1回、セカンドで3回、サードで1回という、計5度のゴールデングラブ賞につながったと感じている。

人間であれば誰にでも強い部分と弱い部分がある。強い部分は得意分野だからこそ、前向きに練習に取り組める。私の場合は、それが打撃だった。引退する最終年まで「代打の切り札」として仕事場を与えてもらえたように、こだわりを持ち続けていた。

それに比べると、守備は「俺のところに打球が飛んでくるなよ」と思うこともあったほ

ど で、絶対的な自信はなかった。でも、だからこそ、うまい選手の守備をよく観察した。「苦手」の自覚があるから、自分にない技術があれば、学ぼうと思っていたのだ。

ベテランになり、サードを守っていたときは、となりのショートにいた井端弘和《いばたひろかず》選手（元中日ドラゴンズ・巨人、現巨人内野守備・走塁コーチ）のグラブさばきがお手本となった。とにかく、うまい。どんな難しいゴロが飛んでもエラーをする気配がないのだ。

横から見ていると、井端選手がなぜうまいか、わかるようになった。速い打球でも、ハーフバウンドの打球でも、捕る直前までグラブを下げて待つことができている。下がっていれば、あとはバウンドに合わせての下から上へのグラブさばきで対応が可能。だが、たいていの選手は、グラブが上がってしまうものだ。

さすがに、私は井端選手のこのセンスを完全には身につけられなかったが、「グラブを下げて待つ」という意識を、より強く持つようにした。井端選手の動きを観察していなければ、気づかなかったことかもしれない。

考え方を変えれば、苦手な分野はまだまだ成長の余地があり、後天的にセンスを高めるチャンスがあるということ。そのためには、自分自身が抱える問題点を自覚し、受け入れ、前向きに努力していく必要がある。次章からは、分野ごとの野球センスの実態を解説し、そのセンスの習得法・レベルアップ法を伝授していこう。

第2章 打撃センス解説&列伝～野球センスを磨くバッティング

打撃センスだけあればいいわけではない

第2章からは、打撃、守備、走塁など分野別のセンスを、できるだけわかりやすく紐解《ひもと》いていきたい。どうすれば、プロの一流選手のような野球センスを身につけられるのか。印象深いプレーの具体例や、センスあるプレーヤーの列伝を通し、私なりの考え方を紹介したい。プロの野球センスの極意を堪能《たんのう》できるはずだ。

ただ、個別に打撃センス・守備センスなどの神髄や習得法を解説するものの、本書全体の趣旨は、一分野のみのセンスを持っていれば良しとはしていない。飛ばすことのみ・打撃のみに特化して優れた選手、守備のスペシャリストらはチームのピースとして、また野球人として、評価を得てもおかしくはないが、打つけれど守りはダメ、またはその逆というタイプでは、何度もお話ししているように、読者がイメージし、憧《あこが》れる「野球センス」プレーヤー像からは離れると思うのだ。よって、個別のセンスを磨きつつも、複数の分野に秀《ひい》でた「トータル的な野球センス」を得ることが、目指す最終地点だとご理解いただきたい。

そうしたことをふまえ、最初の各論テーマのバッティングセンスを解説したい。

「3割打てれば、一流」とよく語られ、どんな天才バッターでもシーズン打率4割を超えるのは至難の業《わざ》だ。10回打席に立てば、7度以上失敗するのは当たり前。日本のプロ野球（一軍）では、いまだ4割打者が出現しておらず、1986年にランディ・バース選手（元阪神タイガースなど）が記録した打率3割8分9厘が歴代最高となっている。イチロー選手（マイアミ・マーリンズ）でも、オリックス・ブルーウェーブ（現オリックス・バファローズ）在籍時の2000年にマークした打率3割8分7厘がキャリアハイ。それでも、とてつもないハイアベレージであることは間違いない。

ちなみにメジャーリーグでは、3度達成したタイ・カッブ選手（元デトロイト・タイガースなど）はじめ、8人が4割超えを果たしている。「最後の4割打者」は1941年に達成したテッド・ウィリアムズ選手（元ボストン・レッドソックス）だ。

私はというと、92年の打率3割2分3厘が最高。04年の6月には月間打率4割3分0厘をマークしたが、所詮《しょせん》1か月間での記録。ポストシーズンを除くと、3月下旬からおよそ7か月戦う中で、打撃の調子を維持し続けるのは並大抵《なみたいてい》なことではない。連戦による疲労や、様々なピッチャーと対峙《たいじ》する中での打撃フォームの崩《くず》れ、分析によって弱点を突いてくる相手の配球など、いくつかの理由が考えられる。だからこそ、「バッティングは水物」という球界の言葉が生まれる。前日にヒットやホームランを打ちまくって、2ケタ得点を挙げても、翌日には完封負けというパターンは珍しくない。

ありえない話ではあるが、シーズンを通して1人の投手と対戦し続ければ、4割打者は誕生するかもしれない。一定のタイミングで打てて、投じられる球種も読めるからだ。

また野球そのものに、プレーの主導権を握っていて有利なのは投手という競技特性もある。間合いを変えたり、足の上げ方を変えるなどして、意識的にタイミングをずらせる。

一方の打者は、投手が投じるコースや球種に合わせてバットを出さなければならず、完全に受動的。この大前提を踏まえたうえで、打撃センスの話を進めていきたい。

打撃に重要な「タイミングを合わせるセンス」

「バッティングセンスとは、なにか?」と問われたら、私は、その1つとしてまず、「ピッチャーとのタイミングがとれること」と答える。タイミングが合ってこそ、強いスイングでボールをとらえることができる。体に力があっても、スイングスピードが速くても、タイミングが合わなければ、宝の持ち腐れ。どんなタイプのピッチャーと対戦しても、しっかりタイミングをとれれば、自分のスイングができる。シーズン打率3割を超えるバッターは、「タイミングをとるセンスに長《た》けている」と言っても過言ではないだろう。

では、どのようにタイミングをとればいいのか。私は投手がテイクバックに入り、ボールを持った利き手が二塁方向に引かれたときに、テイクバックをとっていた。そして、投手が体重移動を起こすのに合わせ、同様に体重移動を行う。つまり、投手の動きにシンクロさせる。小さいころから無意識のうちにこのタイミングのとり方が染《し》みついていた。

野球人生を振り返ってみて、「いい練習だったな」と思うのは、自主練習で行う素振りでも、ピッチャーのフォームを頭に描きながらスイングしていたことだ。ただ、やみくもに振るのではなく、ピッチャーの映像を思い浮かべる。前の試合で打てなかった投手をイメージすれば、素振りのモチベーションも上がるだろう。時々、野球教室で子どもたちを教える機会があるが、「素振りをやってごらん」と言うと地面を見て振っている選手が多い。スイング自体は悪くなくても、これでは投手とのタイミングをとる練習にならないし、体のバランスも崩れてしまう。子どものころからタイミングをとる習慣をつけることで、打撃センスを高められるはずだ。

試合では、ベンチの中やネクストサークルでも、タイミングを合わせることができる。「早くストライクが欲しい」という投手心理を考えると、ファーストストライクが甘くなりやすい。のがさず打つには、打席に入ってからではなく、事前の準備が必要だ。

私は07年からおもに代打に回り、1日1打席の勝負となったが、打席に入る直前に投手が代わると、「ラッキー」と思った。なぜなら、ピッチャーが投球練習をするため、その内容を見ておくことで、事前にしっかりとタイミングを把握できるからだ。こうした準備で精神的にも優位に立てて、ファーストストライクから積極的に勝負にいけた。

加えて、実際にバットを振らなければ、タイミングのずれもわからない。直球に差し込まれたのか、予想以上に球速が遅かったのか。打席内で体感しなければわからない。空振りを恐れずに積極的に振ることが、結果的にヒットにつながる。

現役の超積極的な打者の代表は、松田宣浩《のぶひろ》選手（福岡ソフトバンク）だ。直球でも変化球でも、なんでも振る。そのスタイルに賛否はあるかもしれないが、タイミングをとれているからこその超積極的打法だ。もちろん、17年のWBCでも変わらなかった。外国人投手は足を上げるリズムやテイクバックのスタイルが日本人と違うことも多いため、タイミングをとりづらいが、それでも松田選手はファーストストライクから手を出せていた。

細身でも下半身の粘りとリストで遠くへ飛ばし、読みが外れても対応する方法

16年、打率3割4分4厘をマークし、セ・リーグの遊撃手として初の首位打者を獲得した坂本勇人《はやと》選手（巨人）は、プロ入りした当初からタイミングをとるセンスに長けていた。特徴は、左足を上げる始動が早いこと。早めに始動して、軸足に重心を乗せている。これ

早めに体重を軸足に乗せつつ、下半身の粘りでタイミングをとる坂本勇人選手。

自体は難しい動作ではないが、坂本選手の素晴らしいところはここから下半身で粘り、軸足に乗ったまま投球を待てることだ。たいていの選手は早めにタイミングをとると、投球が待ちきれなくなり、投手側に体を出されてしまう。いわゆる、突っ込んだバッティングとなる。

15年、16年と、2年連続トリプルスリー（打率3割、本塁打30本、30盗塁）という偉業を成しとげた山田哲人《てつと》選手（東京ヤクルトスワローズ）も、タイミングのとり方がうまい。坂本選手と同様に始動が早いのに、体が投手方向に突っ込まない。野球センスやリストの強さ、その巧《たく》みな使い方もあって、2人とも細身ながら、遠くへ飛ばす。テレビ中継や動画サイトなどで、2人の野球センス、打撃センスをぜひ学んでほしい。実際にマネをしてみてもいいだろう。同じタイミングで足を上げ、同じタイミングで足を着地させてみる。第1章で紹介したように、モノマネでも、野球センスは磨かれる。

さらに、この2人は左足を上げてから着地するまでの時間が長い。ドスンと着かず、投手とのタイミング、ボールが到達するまでのタイミングをはかりながら、ジワジワと着地する。これが下半身の粘りによって生まれるバッティングの間《ま》であり、この間があることで、直球にも変化球にも対応できる。球種の読みが外れても反応し、外角の変化球を拾ってスタンドに運ぶことだって可能だ。直球に強いものの、変化球にもろい選手は、足を着くタイミングが1つしかなく、緩急《かんきゅう》をつけた投球に対して弱さがある。このタイプを野球センスがある打者とは、なかなか言いづらい。一方、坂本選手、山田選手らは、変化球に崩されながらもリストをうまく使い、左手一本でヒットにする技術を持つが、これこそが間を作れていることによる対応力だ。感覚的には、「1・2・3」ではなく、「1・2・の～・3」のリズム。「の～」があるかないかは、大きな違いだ。

同じことが投手にもあてはまる。前足を上げてから着地までに、どれだけ粘れるか、「1・2・の～・3」のリズムが必要となる。かつて福岡ソフトバンクに在籍し、私が現役時代に対戦したこともある絶好調時の杉内俊哉《としや》投手（現巨人）は、「の～」の時間がほかの投手よりも長かった。コンマ数秒の違いだが、これで打者のタイミングがほぼずれるのだ。

面白いもので、ピッチャーとバッターのスイングのタイミングが合っていると、投手自身が「甘い球を投げると打たれる」と感じるもの。こうなると、投手は厳しいコースを突く。打者がボール球を見極められれば、おのずと打者有利のカウントを作れて、ストライクを取りにきた甘い球を仕留めるチャンスが生まれる。また、甘く入ると打たれるという過剰な意識がよけいな力みにつながり、勝負球のはずが失投になることもある。

逆に、タイミングがとれていない打者に対しては、投手はどんどん腕を振って攻めてくる。気持ちで優位に立つと、キレのいいボールが決まりやすい。こういったところも含めて、タイミングをとれるかどうかは、打撃センスの大きな肝《きも》と言える。

軸足に体重を乗せた状態を作るための練習がある。ヒザぐらいの高さのボックスに、後方にある軸足だけを乗せ、そこから打撃と同様にステップする。前足を地面にドスンと着地させず、なるべく長く時間を作りながら丁寧《ていねい》に着く。これを続けることで、下半身を鍛える。子どもたちならば、くるぶしぐらいの高さで十分。花壇で使うようなブロックでもいい。高さのある道具をうまく用いて、軸足に体を乗せる感覚を養ってほしい。

また、構えを工夫することで、「の〜」の時間を作り出すこともできる。私がやっていたのは軸足の位置を決めたあとに、スパイクの刃《は》を土に刺すようなイメージで、少し外側にひねること。足で地面を噛《か》む感覚が強くなり、軸足に体重を乗せやすくなる。その結果、軸足に力を感じながら体重移動ができるようになり、打撃センスを高めることにつながる。

ステップが広がらないようにするための秘策

坂本選手も山田選手も前方の左足を上げてタイミングをとっているが、足を上げたほうが軸足に重心を乗せやすくなる。私の場合はプロ入り後、しばらくたってから足を上げるようにした。それによって反動を作り、ボールに力を伝えたかったからだ。私のように体の小さい選手は、すり足で大きなパワーを作り出すのは難しいところがあった。

ただし、足を上げることのデメリットもある。それは前足のステップ幅が広くなり、投手寄りに突っ込みやすくなる点。ボールとの距離を自分から詰めることになり、直球に差し込まれやすい。ステップが広がると、下半身の回転速度も遅くなる。

15年にトリプルスリーを達成し、17年も活躍している柳田悠岐《やなぎたゆうき》選手(福岡ソフトバンク)は、守備力も含め、野球センスにあふれている。だが、打撃面で言うと、ステップが広いために、ボールとの距離が近くなりすぎる。そこから、上体を捕手寄りに反《そ》らすことで、ボールとの距離を無理やり作っているが、類《たぐい》まれなパワーがあるからこその打ち方だ。ステップを狭くすれば、ホームランももっと増えるのではないか。パワーが衰えたときのためにも、今から理にかなった打ち方を追求しておけば、選手寿命も伸ばせるだろう。

どうしたら、ステップが広くならずに打つことができるか。私は引退間際の30代後半になってようやく、自分自身でつかんだ感覚があった。左打ちの私であれば、右頬《みぎほほ》の横に垂直の壁をイメージし、ステップするときに頭が壁に当たらないようにと意識していた。このイメージを持つようになってからは、ステップが広くならなかった。このセンスを若いころにつかんでいれば、打撃がより高いレベルへと変わっていたかもしれない。

一方で、壁を意識しすぎることによって、前足に乗っていけないバッターもいる。いわゆる「後ろ残り」のバッティングで、軸足に体重が残りすぎてしまう。軸足に力を感じながらステップすることは大事だが、前足を着地したときには両足をしっかりと踏ん張って、体を回転させる。股《また》のところにバレーボールほどのボールをはさみ、それを両足の内転筋《ないてんきん》でつぶすイメージを持つと、体の軸を保ったまま回転できるはずだ。実際に、バレーボールをはさんでみるとわかりやすいだろう。

私はステップ幅を確認するために、スタンドティーで打ち込んだ。ティー台の上に置いたボールを、ステップした前足のつま先の延長線上にセットし、センター方向に飛ばす。子どもの練習では、スタンドティーよりも斜め45度からのトスを打つティーバッティングのほうが主流だと感じる。悪い練習ではないが、ステップ幅の確認、ミートポイントの確認という点では、スタンドティーのほうが、打撃センスアップへの有効性が高い練習と言える。

バスターで理想のトップを探る…スランプ時の修正法を持つのもセンス

17年のWBCで、全試合で四番を務めた筒香嘉智《つつごうよしとも》選手（横浜DeNAベイスターズ）。右足を上げる高さを低くしてタイミングをとっていた時期もあったが、そのせいで弊害が生まれていたように感じる。

足を上げているときは手が自然に連動し、トップ（25ページ参照）をしっかりと作ることができていた。それが足をあまり上げないようにすると、反動を作ることができないため、無意識のうちに手でパワーを生み出そうとしていた。トップを作ったあとバットを振り出す直前にもう一度、手を後ろに引く現象が起きていたのだ。こうなると、速い直球に差し込まれ、ライト方向に引っ張れない。ほんのわずかではあるが、振り出す準備が遅れ、バットが出てこなくなる。すり足にすること自体は悪くはないが、始動を早くして、ゆったりとトップを作るのが理想となる。

トップの形は、打者の生命線。ただ、理想のトップは、1人ひとりの関節の可動域や、バットの持ち方などによって変わる。それでも、トップの見つけ方はある。わかりやすいのは、バスターで打ちにいくこと。バントの構えから引いてトップを作ると、自然に理にかなったトップに入りやすい。私も迷った際には、練習時からバスターで打つように心がけていた。こういったスランプのときの修正法を持っておくのも野球センスの1つだ。

バスターの利点は、「動から動」の動作がスムーズに作れるところだ。バントの構えから引くことによって、バックスイング（テイクバック）の形を自然にとれる。トップを意識しすぎるあまり、最初からトップを作ってしまい、手が固まっている打者を目にするが、こうなると、「静から動」の動きとなり、スイングの初動が遅れやすい。できるだけ、手が固まらないようにしたほうが、タイミングもとりやすくなる。

トップで避けたいのは、背中の方向に引くことと、前述のようにトップを作ったところからさらに手を引くこと。こうなると、バットがスムーズに出ず、速い直球に振り遅れやすい。多くは、「強く打ちたい」「遠くに飛ばしたい」との欲が原因だ。

そして、調子が悪くなればなるほど、「空振りをしたくない」という思いでトップが浅くなる。やっかいなのは、自分ではなかなか気がつかないところ。私も、コーチに指摘されたり、映像を見たりする中で、「トップの位置が浅い」と気づくことが多かった。

トップの位置に関してとくに意識したのは、「追い込まれたときほど手を動かして、深くとる」ということ。2ストライクと追い込まれると、「三振したくない」意識で浅くなりがちだが、こうなると緩急に対応できない。トップからインパクトまでの距離があるからこそ、強いインパクトを生み出せるうえ、ストライク・ボールを見極めるための時間が作れる。空振り三振が多い打者は、あえてトップを深くとるのもおすすめだ。

バットコントロールのセンスを伸ばす

アベレージヒッターは総じて、「バットコントロールがいい」と表現される。イチロー選手や、内川聖一《せいいち》選手（福岡ソフトバンク）らが代表例だ。バットコントロールのセンスを生む要因は、やはりトップの位置が関わる。先ほど、「深くとる」と書いたが、詳しく示せば、「ステップした前足と、バットを持った手の距離をできるだけ離す」感覚だ。

ただし、自分の背中側ではなく、捕手側に引く。「割れ」とも表現される技術だ。手が体に近ければ近いほどインパクトまでの距離が短くなり、バットコントロールの時間がなくなる。逆に体から遠ざければ、インパクトまでの距離が長くなり、コントロールの時間も生まれる。変化球でタイミングをずらされても、距離がある分、時間調節が可能になる。

これは投手にも通じる話だが、前足を着いたときにトップが決まっているようなフォームの投手はコントロールが安定していることが多い。打者にも同じことが言えて、踏み込んだ足が着いたときにトップの位置が決まっているかどうか。この位置がバラバラでは、打てるコースと打てないコースがはっきりとしてしまう。

ただし、あえて狙《ねら》い球をしぼっているときは別だ。例えば、インコースのストレートを狙う際、私は体からグリップを少し離すようにしていた。こうすることで、体とグリップのあいだに空間が生まれ、いわゆる「懐《ふところ》が広い状態」を作り出せる。懐があると、内角にもヒジをたたんで対応することが可能になる。「相手にばれるのでは？」と思うかもしれないが、ほとんどわからない程度の差。おそらく、ほんの数センチの世界。内角を苦手にしているバッターは、あえてトップの位置を変えてみるのも面白い。

2008年、右打者最高の打率.378で、初の首位打者に。打撃センスは屈指《くっし》の内川聖一選手。

とはいえ、内角を打つには高い技術が必要であることは間違いない。ヘソに近づけたヒジを支点にして、ヒジをたたんだまま、どれだけバットを操作できるかにかかっている。インコースが窮屈《きゅうくつ》になる選手の共通点は、ヒジが伸びきってしまうこと。こうなると、バットの芯《しん》でとらえるのが難しい。巨人の阿部慎之助選手や坂本勇人選手はインコースのさばきが抜群にうまく、そこに打撃センスの良さを感じる。

私は左手（後ろ手）にタオルを持って、このタオルをしならせるスイング練習をよくやっていた。左ひじが伸びきってしまうと、「ブーン」と力ない音になるが、ヒジをたたんでスイングできたときには、「ブンッ！」と強い音が鳴る。ぜひとも、試してほしい。

難しいインコースをさばく卓越《たくえつ》したセンスを大詳解

インコースを打つ技術を、さらに具体的に紹介したい。あえて、前ヒジを体の外側に逃がして、バットの芯をずらす技術もある。ヒジをたたむのではなく、ヒジを逃がす。ヒジを外側（背中側）に出せば、バットの芯が体に近づいてくる理屈がわかるだろうか。この技術に長けていたのが、古田敦也《あつや》さん（元東京ヤクルト、元同監督）だ。内角を器用にミートする打撃センスは、ヒジを逃がす技術によって生み出されていたはずだ。

拙著『長打力を高める極意』（廣済堂出版刊）で、当時、巨人で現役だった高橋由伸《よしのぶ》選手（現同監督）と対談した際にも、インコースのさばきが話題に上った。不思議なもので、「いちばん苦手だった球種」として一致したのが、中込伸《なかごみしん》投手（元阪神など）のカットボール。左打者の内角に食い込んでくる軌道で、私も攻略するのにかなりの手を焼いた。自打球が2球連続で足に当たった記憶もある……。今とは違い、カットボールを投げる投手が少ない時代で、攻略法がわからなかった面もある。

高橋選手は入団1年目こそ打てなかったが、2年目のオープン戦で右中間へのヒットを打ってから、中込投手に対して苦手意識がなくなったという。打てたコツを「左バッターの僕が右のヒジを後ろに引くというか落としたら、芯に当たったんです」というふうに語っていた。実戦の中でいきなりできてしまうのが、高橋選手が「天才」と呼ばれたゆえん。私もこの発想を現役時代に知っていれば、もっとカットボールに対応できたかもしれない。

――グリップの違いに見える「選手の個性や打撃スタイル」

なにげなく持っているように見えるバットの握り方にも、選手それぞれの個性や打撃スタイルに沿って能力を上げるためのセンスがあらわれている。わかりやすいのは、松田宣浩選手だ。両手のあいだを意識的にあけ、そのままバットを振っている。

実は、私もグリップをあけて打っていた時期がある。「ボールをとらえるまでは右手が主導」と考えていた左打者の私は、前の右手はしっかり握るが、左手は軽めの握り。そのため、テイクバックに入ったときに左手がバットからずれ、両手のあいだがあいたのだ。

もちろんメリットはあり、グリップをあけることで、インパクトで後ろの手が寝づらくなり、ヘッドが立つ。高めの直球にヘッドが下がりやすい打者は、あえてあけてみるのも1つの策と言える。

ただ、あけることのデメリットもある。スイングスピードが落ちることだ。両手をくっつけて握ったほうが、支点が1つになり、バットのヘッドも利く。30本塁打以上打つようなホームランバッターで、グリップをあけている人は見たことがない。プロ通算23年間で404本塁打を放った中村紀洋《のりひろ》選手（元近鉄バファローズ、中日、横浜DeNAなど）は、右手の小指をグリップエンドにかけ、目いっぱい長くバットを持っていた。バットの端《はし》を持ったほうが遠心力を効果的に使え、ボールに強いインパクトを加えられる。

私は現役時代、94年10月8日の巨人との最終戦で、一塁にヘッドスライディングをした際に、左肩を脱臼《だっきゅう》してしまった。以後、打撃の調子がおかしくなり、グリップをあけたまま打つと、左手がかぶりすぎるようになった。それ以来、両手をつけることを意識して、打撃改善に取り組んだ。自分に合うグリップにたどりつけるのもセンスと言える。

――配球を読んで、飛ばしやすいコース・球種を待ち、犠牲フライを狙って打つ

「野球をよく知っているな」と評される選手は、状況に応じた打撃をするのがうまい。それもセンスの範疇《はんちゅう》。無死二塁から右方向に進塁打を打ったり、一死三塁から外野へ犠牲フライを打ったりと、意味のあるアウトでもチームに貢献することができる。

私は、ランナー三塁から犠牲フライを打つことには自信を持っていた。03年にはセ・リーグ最多の10犠飛。10という数がピンとこない読者が多いかもしれないが、これは1シーズンでは歴代13位タイの記録だ。ちなみにシーズン1位は、70年に大杉勝男《かつお》さん（元東映フライヤーズ、ヤクルトスワローズなど）がマークした15。

点差やイニングに応じての判断になるが、一死満塁などタイムリーを打ちたい場面であっても、外野フライを狙いにいく。強い打球のゴロが野手の正面に飛んでダブルプレーを食らうよりは、外野フライで確実に1点を取ったほうがチームのためになる。

コツはポイントを手元に近づけ、バットのヘッドを体の内側から遅れ気味に出すこと。多少、ヘッドが下がっても気にしない。真ん中から外なら、遅らせることでフライが上がりやすくなる。狙いはセンターから逆方向で、打ちやすいコース・球種を待つ。投手のク

セや、前の打席での相手の攻めの傾向など配球パターンを頭に入れ、読んで打つのも、フライを上げるためのセンスだ。「ヒットを打ちたい」と強く振ると、後ろの手が返り、内野へのゴロやライナーになる可能性がある。抜ければ得点は入るが、最悪、併殺もありうる。

なお、16年の犠牲フライのランキング1位は、パ・リーグが内川聖一選手の9個で、セ・リーグはホセ・ロペス選手（横浜DeNA）の7個。内川選手は17年WBC2次ラウンドのキューバ戦で、8回裏に決勝犠飛を放ったが、外に逃げる変化球を左手一本でライト方向へ運んだ芸術的な外野フライだった。逆方向を意識して外野フライを狙ったように感じた。ここぞの場面で犠牲フライを打てるのも、類まれなバッティングセンスの証《あかし》だ。

ピッチングマシンを使って打つときは、目的意識を持つこと

打撃センスを磨くには「タイミングをとることが重要」だが、フリーバッティングのときから、実際に投手が投げる球を打つのが理想。プロ野球の試合前の打撃練習を思い出してほしい。ピッチングマシンを使う球団はなく、バッティングピッチャーの球を黙々と打ち込んでいる。だが、マシンがダメと言うわけではない。使う目的が明確であれば、バッティングセンスの向上につながる。私は春季キャンプのとき、フォームの確認のためにマ

シンを打っていた。同じ速度でだいたい同じところにコントロールされるので、トップの位置やバット軌道を確認するには、効率のいい練習になる。

13年の第3回WBCでは打撃コーチとして侍ジャパン（日本代表）に携《たずさ》わらせてもらったが、「マシンを打ってきていいですか？」と聞いてきたのが角中勝也《かくなかかつや》選手（千葉ロッテ）だった。角中選手はマシンを打つのが好きで、自チームでもよく使っているという。

その目的は、角中選手の話を聞いて納得した。彼の打撃フォームは、スタンスを広くとって、重心を下げ、手はトップの近くに置いたまま構える。さらにバットを短く持ち、ボールをできるだけ体の近くまで引きつけ、粘り強く対応する。追い込まれたら、ノーステップで打つこともあり、無駄な動きを極力排除している。本人が意識しているのは、「手（バット）を速く出す」こと。体に近い直球でも、手が反応すれば、対応可能となる。

そのための練習として、マシンとの距離を、通常のバッテリー間18・44メートルぐらいから14メートルほどに近づけ、150キロ近いストレートを繰り返し打ち込んでいた。いかに、手を速く出すか。そうすれば、体の近くまで呼び込めるので、ストライク・ボールの見極めがギリギリまでできる。角中選手が自らの努力でつかんだ、スペシャルでセンスあふれるバッティング技術と言えるだろう。16年、打率3割3分9厘を記録し、12年に続く2度目の首位打者に輝いている。

プロ球界で、角中選手のようにバットを短く持つ選手は、意外に少ない。バッターとしてのプライドがあるのかわからないが、ストレートに差し込まれるようなピッチャーと対戦したときは、短く持ったほうが芯でとらえられる確率は上がるはずだ。

私もピッチャーによってはグリップを余らせて、ストレートに遅れないように準備をしていた。バッターは不思議なもので、短く持っただけで、「コンパクトに振ろう」という意識が生まれる。大振りしていたスイングが、コンパクトでシャープになってくるのだ。試合で結果を出すためには、短く持って泥臭《どろくさ》く攻めていくことも必要だろう。

基本は直球狙いながら、臨機応変な対応も、野球センスの1つ

私は、若いころから「基本はストレート狙い」で勝負してきた。それは、「速いストレートを狙って打てなければ、プロの世界で長く活躍できない」という思いがあったからだ。変化球ばかり狙っていたら、いずれは直球に差し込まれるときが来てしまう。調子のいいときは、直球を待ちながらも、甘い変化球に対応することもできていた。

私の打席の立ち位置は、ボックス内の真ん中あたり。ストレートを狙うのであれば、普通はキャッチャー寄りに立ったほうが、バッターにとって有利と言える。バッテリー間の

距離を広げられるため、ボールを長い時間見ることができるからだ。でも、私には合わなかった。逆に時間が生まれる分、体が前に突っ込み、ボールとの距離を詰める結果となった。

このあたりは、それぞれの打者に合う・合わないがあるだろう。仮定の話だが、2〜3球目まではボックス内の前のほう（投手寄り）に立ち、直球をしっかりと振ったあとに、後ろ（捕手寄り）に立ち位置を変えてみるのも面白い。もしかしたら、直球が少しだけ遅く見える可能性もある。また、デリケートな投手であれば、打者との距離感が変わることで、コントロールが乱れることも考えられる。

一流ピッチャーとの対戦では、「割りきり」も必要だ。例えば、佐々木主浩《かづひろ》投手（元横浜ベイスターズ、シアトル・マリナーズなど）相手なら、ストレートとフォークの二者択一。フォークを狙って、ストレート3球連続での見逃し三振もOK。「ごめんなさい！」と潔《いさぎよ》くベンチに戻る。このときばかりは、「基本はストレート狙い」の方針を変えた。局面を見ながらの臨機応変な対応や割りきりができるのも、野球センスかもしれない。

また、「ストレートが来る」とわかっていても、なかなか対応できなかったのが藤川球児投手（阪神）。全盛期の藤川投手は、ホームベース付近で伸び上がるような直球を投げ込んでいて、たった1打席で攻略するのは困難なレベルだった。追い込んでからは、高めの釣り球で振らせにくる。「なんで、あそこを振るのか？」と、ファンの方は不思議に思

バッターボックス内の前後の立ち位置によるメリットとデメリット

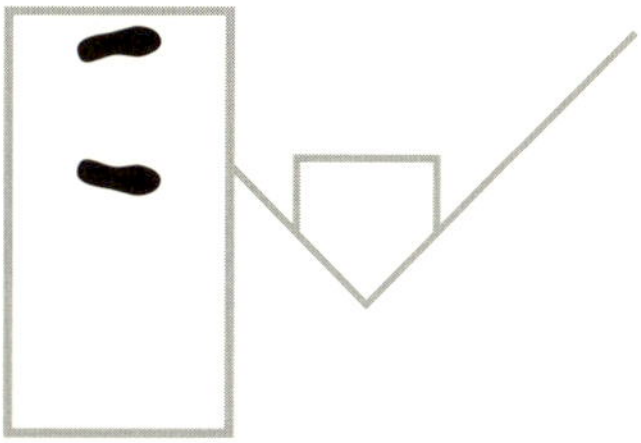

ピッチャー寄りに立つ

◎変化球の曲がりっぱなを打つことができる
×ストレートが速く感じられる
×ストライク、ボールの見極めがしづらくなる

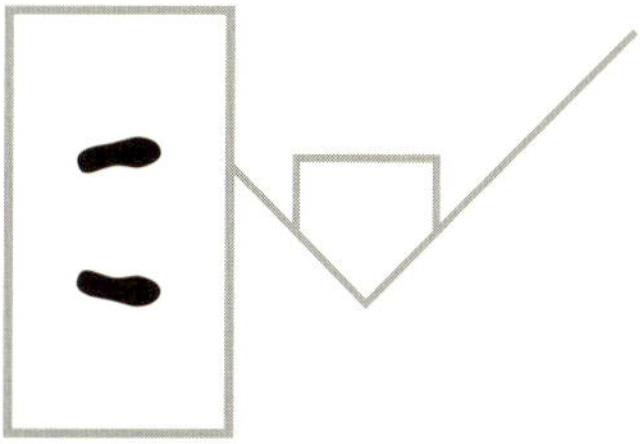

真ん中あたりに立つ

○ストレート、変化球のどちらにも対応しやすい
○中間地点なので、相手投手の球筋を見る目安となる

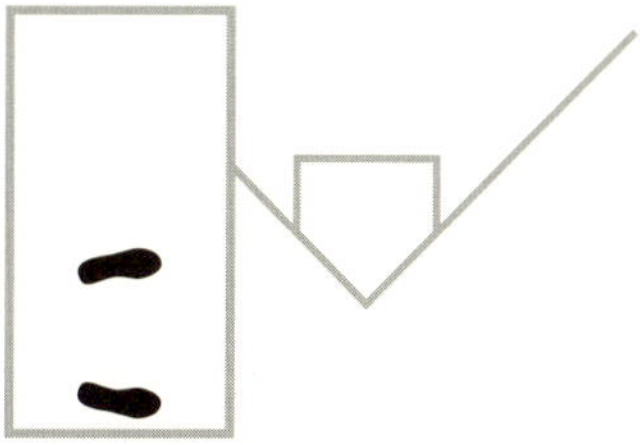

キャッチャー寄りに立つ

◎ボールを見る時間が長くなり、球筋を見極めやすくなる
◎ストレートが遅く感じられる
×変化球の曲がり具合が大きく感じられる

さらに、ホームベース寄りに立つと、外角のボールにバットが届きやすくなる半面、内角は窮《きゅう》屈《くつ》になってしまう。離れて立てば、その逆となる。また、一度の打席の中で立ち位置を変えることで、バッテリーを惑わすこともできる。ただ、勝負の早いピッチャーの場合は、そのあいだに追い込まれてしまうので、相手の特徴も頭に入れつつ、臨機応変な対応が必要だ。

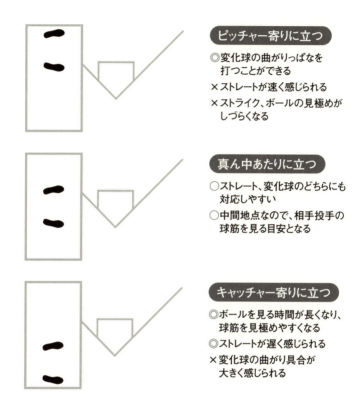

うだろうが、打者からすると、ストライクに見えるのだ。藤川投手と対するときは、「ベルトから下しか打たない」と決めて、低めに目つけをするように心がけていた。

バントのセンスも、「タイミングを合わせる」のが重要

首脳陣にもファンにも「決めて当たり前」と思われている送りバント。打者からすると、精神的にきついものがある。1球ファウルしただけで、「あ～」とファンのため息が漏《も》れることもしばしば。どんな場面でも、簡単に……と言ったら失礼だが、的確に送りバントを決めていた川相《かわい》昌弘さん（元巨人・中日、現巨人三軍監督）は、まさに達人の域。そんな川相さんでも、毎日のようにコツコツとバント練習を繰り返していた思い出がある。あれほどの選手でも、練習を欠かさない。バントのセンスはもちろんあったのだろうが、継続した努力もあり、歴代最多533もの犠打を積み重ねた。

私は送りバントが苦手だった。でも、セーフティーバントはまずまず得意。つまり、最初からバントの構えをして転がすのが苦手で、実は、こういう打者は多い。構えを早くすると、投手とのタイミングが合わずに、体が固まるのだ。結局、打撃同様、バントのセンスのポイントも、タイミングではないか。ヒザでも手でもいいので、どこかを動かしてお

き、ボールが来たときに「ポン！」と転がす。バットを寝かせるのは、最後の最後でいい。ボールをとらえるときは、ボール・バット・目を近づけておく。目が離れれば離れるほど、失敗の可能性は高くなる。怖《こわ》さもあるだろうが、バントセンスに秀でた選手ほど、目でしっかりとボールをとらえている。スタンスは、オープン、スクエア、クローズドとあるが、これは自分に合った形を見つけよう。

あとは、後ろの手（私のような左打者の場合は左手）でボールの勢いに負けないように、バットを抑え込む。ボールとバットが当たった瞬間に、ボールを下に転がすことが大事。ボールが上がると、走者はスタートを切るのを躊躇《ちゅうちょ》するからだ。「フライ？」と少しでも思うと、スタートが遅れてしまう。下に転がれば、迷わずに走ることができる。

左打者が見せる三塁線へのセーフティーバントは、ヘソの向きがポイント。転がしたい方向とヘソの向きを合わせることで、力の方向性が一致し、ファウルゾーンに切れにくい。一塁ベースに早く走りたいと思うと、ヘソが先に一塁方向に向き、三塁線にうまく転がせない。

セーフティーバントはなんでもかんでもやりにいかず、転がしやすいコース・球種を選ぶのも、1つの野球センスだ。転がすコースが甘くて簡単にアウトになるのは避けたい。ファウルになるほうが、やり直しができる。左打者が三塁線に転がしたければ、体の近くよりは外角のほうがやりやすいはず。セーフティーバントにも狙い球があるのだ。

――足場をならすのも、野球センスの1つ

試合で打つためには、グラウンドをしっかりとならし、力を発揮するための準備をすることも重要だ。プロ野球選手が打席に入るときの動きを、じっくり見てほしい。なんとなく構えるのではなく、打席内の足場をならして平らに整え、軸足を決めてからピッチャーと対峙しているはず。軸足が不安定になると、その瞬間に体のバランスは崩れる。

足場がつま先下がり、あるいはつま先が上がった状態で打席に入っている野球少年もいるのではないか。学校のグラウンドで試合をすることも多いので、プロが使う球場と同じようなコンディションとはいかない。でも、だからこそ、打席内は丁寧にならして、平らな状態にしておきたい。試合環境に気を配るのも、野球センスの1つだ。

これは、打撃のときだけではない。私は守備についたときも、荒れてきたところがあれば素手でならしていた。それでイレギュラーが減るかわからないが、自分でできることはやっておきたいという思いがあった。試合が終盤になれば、グラウンドが荒れるのは当たり前。とくに塁間上の走路は、ランナーがよく走るために、荒れやすい。環境を整えることによって、精神的に落ち着くというプラス面もあった。

グラウンド状況は、球場によって違う。打席内の土質が固かったのがナゴヤドームだ。固いほうが穴ができにくいため、ほかの打者が使った足場を気にする必要がなかった。また、踏ん張りも利くので、ナゴヤドームの打席は打ちやすかった思い出がある。逆に打ちにくかったのが甲子園球場だ。もともとの土質が柔らかい点もあるが、高校野球の甲子園大会のあとはさらに柔らかくなり、「足場がゆるい」と感じることもあった。

打者には、球場別の相性が存在する。相手チームのバッテリーに対する相性だけでなく、打席の好みも少なからず関係しているもの。それだけ、打席内の足場は重要ということ。万全の準備をしたうえで、投手との勝負に挑む必要があるのだ。

巧みなバットコントロールが光る篠塚和典《かずのり》さん、イチロー、内川聖一

ここからは、列伝コーナーだ。打撃センス・野球センスにあふれる、過去の偉大な打者、そして今も活躍する現役選手の名前を挙げながら、学べるセンスを解説したい。ヒットを打つセンス、ボールを遠くに飛ばすセンス、逆方向に転がすセンス……など、打者には様々な野球センスが存在する。まずは、ヒットを打つセンスに長けた「安打製造機」から紹介する。

「バッティングセンス」という言葉から、最初に思い浮かんだのが篠塚和典《かずのり》(旧登録名：

利夫《としお》）さん（元巨人）の芸術的な打撃だ。私が中学、高校で野球に打ち込んでいたころ、活躍をされていた。当たり前のように打率3割を超え、84年には3割3分4厘、87年には3割3分3厘で、ともに首位打者。真ん中から外角の球を逆らわずにレフトに流す打撃は美しかった。狭い三遊間を狙い打つ。右肩の開きが遅く、インサイドアウト（バットを体の内側から出すこと）の軌道で振り抜けるからこそ、逆方向に打てる。このコースをこのポイントで打てばここに飛ぶということも、すべてわかっていたのではないか。変化球に泳がされることが少なく、またそうなってもしっかりとらえていた印象が強い。

日本人で通算安打数が最も多いのがイチロー選手だ。日本の9年間で1278本、16年末までのメジャー16年間で3030本、日米通算では4308本。イチロー選手のすごさは、ヒットゾーンと技術の幅広さにある。内角を引っ張ってライトスタンド上段に放《ほう》り込むこともあれば、ワンバウンドしそうな変化球を地面すれすれで拾ってセンター前に運んだり、サードの守備位置が後ろと見るやセーフティーバントを決めたりと、ヒットのバリエーションは無数。バットコントロールは、誰にもマネできないセンスを持つ。

とくに、イチロー選手ならではのセンスが、「詰まって落とす」技術。インコースのストレートに詰まりながらも、サードやショートの後ろにポトリと落とす。一見、「ラッキーなヒット」と思うかもしれないが、実際は、高度なバットコントロールができるからこ

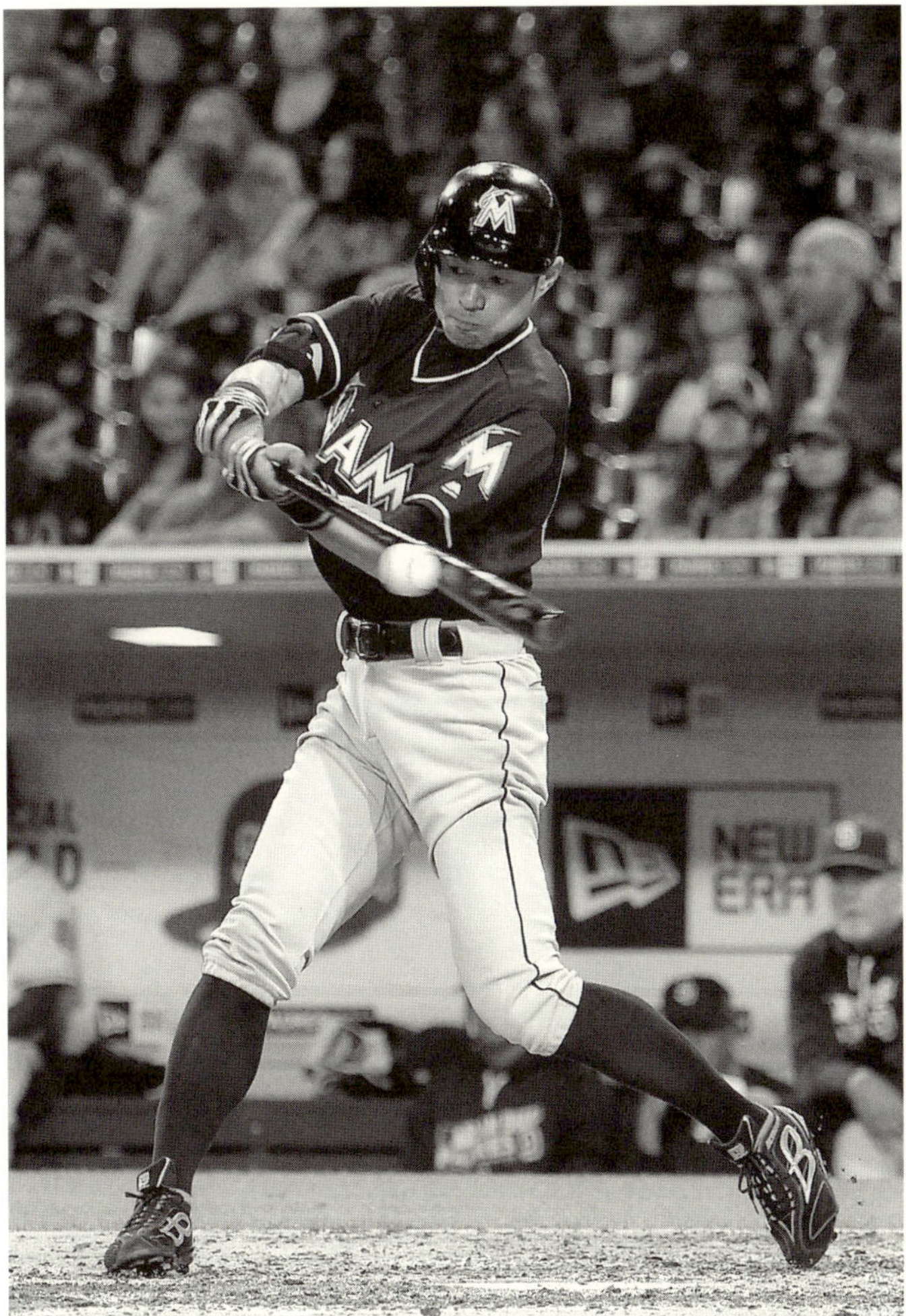

イチローの日米通算安打数は、ギネス認定世界記録。オールラウンドな野球センスを有する。

その技だ。体の内側からヒジをしぼり込み、バットの面をボールに長く向けたままスイングができる。ヘッドを返すのが遅いため、バットのどこに当たっても、ヒットコースに飛ばせるのだ。このとき手首を早く返すと、バットの面が変わり、右方向への詰まったゴロ、またはポップフライになりやすい。推測だが、内角に「差し込まれる」と判断したら、ヘッドの返しを瞬時に遅らせているのではないか。イチロー選手なら、これぐらいのテクニックを持っていても、不思議ではない。

08年から7年連続、16年も打率3割を記録した、福岡ソフトバンク・内川聖一選手は、前述の「割れ」（43ページ参照）の状態がしっかりと作れていて、素晴らしい。そのバットコントロール技術は、ほかの現役選手のお手本にもなる。

ヘッドに仕事をさせて強い打球を放つ清原和博さん、中村紀洋、ウッズ

ボールを遠くに飛ばすことに関して、人生で最初に衝撃を受けたのが、ＰＬ学園高校の先輩・清原和博さんだ。第1章で触れたように、ＰＬ学園の練習では金属バットよりも飛ばない、木と竹の合板《ごうはん》バットを使ったが、ヘッドを利かせてライト方向にも軽々と運んでいた。プロ入り後もパワーが注目されることが多かったが、芯でとらえるミートセンスにもずば抜け

ていた。プロ通算525本塁打。パワーだけでは、これほどのホームランを積み重ねられない。

中村紀洋選手も、飛ばしのセンスに長けたスラッガーだ。中村選手のバットは普通よりも1～2センチほど長く、重心はトップバランス。現役時代、フリーバッティングの際に使わせてもらったことがあるが、芯でとらえたときは面白いようにボールが飛ぶ。遠心力を存分に使え、バットのヘッドが加速した状態でボールをとらえられるのだ。

でも、さすがに試合で使うのは、私には難しかった。150キロ級の直球や、手元で鋭く変化するスライダーやフォークに対応できるかとなると、使う勇気は出なかった。

打撃は、バットをいかにうまく使うかの勝負でもある。バットのヘッドを、どれだけ走らせて強い打球を放てるか。中村選手は、ヘッドに仕事をさせるセンスが抜群に優れていた。17年4月から、静岡県にある浜松開成館高校の非常勤コーチを務めているそうだが、ぜひとも、打撃センスあふれるスケールの大きなスラッガーを育ててほしい。

横浜や中日で活躍したタイロン・ウッズ選手も、ヘッドを走らせるセンスを持っていた。日本で6年間プレーし、全シーズンで30本塁打以上。03年（40本）、04年（45本）、06年（47本）と本塁打王を3度獲得した。あれだけの巨体（185センチ、102キロ）で外国人選手となると、力任せの大振りという、野球センスとはかけ離れたイメージを持つ方もいると思うが、ウッズ選手のスイングは非常にコンパクトで無駄がなく、センスを感じさせた。打球が飛ぶのは、スイングの際にグリップで支点を作り、ヘッドを走らせるテコの原理。どれだけ強くバットを振ろうとしても、支点がなければ、その先にあるヘッドは走っていかない。清原さん、中村選手も、支点を作るセンス・技術を持っていた。

ボールの下にバットを入れるバックスピンに長けた中村剛也《たけや》、阿部慎之助、大谷翔平《しょうへい》

現役選手で、「天性のホームランアーティスト」と言えるのが中村剛也《たけや》選手（埼玉西武）だ。日本歴代3位となる6度の本塁打王。体型を見るとパワー頼りの打者と思われる方もいるかもしれないが、実際は、力だけではない「飛ばしのセンス」を体得している。

フリーバッティングでは意識的にフライを打つらしい。フライを打つということは、ボールの中心よりもやや下にバットを入れて、バックスピンを巧みにかけている証だ。「ヒットの延長がホームラン」とはよく耳にする話だが、中村選手の場合は狙ってホームランを打っているのではないか。16年末時点で、通算330本塁打。18人しか達成していない通算400本塁打を、ぜひ成しとげてほしい。

ちなみに現役で、16年末までに最も多くのホームランを記録しているのが、巨人・阿部慎之助選手の373本。阿部選手もボールの下にバットを入れるセンスが光る。とくに東

京ドームでの試合では、球場のサイズを熟知したかのように、ミート重視でスタンドに放り込む。17年4月1日、中日の田島慎二投手から打ったサヨナラ本塁打は、低めのシンカーをレフトに運んだもの。阿部選手らしい技ありの一打だった。

バッターだけに専念すれば、シーズン40本は打てるのではないかと思うのが、大谷翔平《しょうへい》選手（北海道日本ハムファイターズ）だ。長身を持て余さずに体や腕を巧みに使い、ボールに角度をつけるのがうまく、飛ばしのセンスを備えている。ピッチャーをやりながらの二刀流を見慣れてしまったが、とんでもない偉業をやりとげていることを忘れてはいけない。

17年はシーズン前半に足の肉離れで戦線を離脱したが、打撃フォームは良くなっている。16年まではトップを作るときに、グリップが背中のほうに入り、懐が狭くなる欠点があった。そのため、どうしてもインコース、とくに高めの直球に差し込まれる場面が見られた。それが、17年はグリップが入らなくなり、懐を広く作れるようになった。その結果として、内角のさばきがうまくなったように感じられるのだ。

大谷選手は誰が見ても、体格にも恵まれ、圧倒的な野球センスを持っている。だが、そのセンスに頼ることなく、努力をし続けている姿が素晴らしい。うまくなりたいという意識が高く、常に高みを目指している。二刀流・大谷選手は、これからも間違いなく成長を続けるはずだ。

タイミングをとるセンスに注目！ 高橋由伸、坂本勇人、山田哲人、鈴木誠也《せいや》

今は巨人の監督を務める高橋由伸選手がプロ入り1年目のとき、最初に感じたのは「タイミングをとるのがうまいな」ということだった。どんなピッチャーが来たとしても、スッと足を上げるだけで、タイミングがとれる。先天的な野球センスと言っていいだろう。

タイミングをとるときに私にはどうしてもできなかったのが、足を上げたときにグリップが自然に下がる動きだ。これがあると、軸足に体重を乗せやすくなる。そして、足をステップしたときに、グリップが上がる。体の構造としては自然な動きであり、上と下の動きが噛み合いやすくなるのだが、私はうまくできなかった。足を上げたときに、どうしてもグリップまで上がってしまうのだ。高橋選手はこの動きが自然にできていて、このあたりにタイミングをとるセンスを感じたものである。

高橋監督のもとでプレーする坂本勇人選手も、34ページなどで触れたようにタイミングのとり方がうまい。あれだけ足を高く上げ、さらに始動が早い中で、軸足に乗った状態で我慢ができている。

16年あたりからだろうが、ボールをとらえるときにやや後ろに体重を残して、背中を反

るような打ち方を取り入れ始めている。スラッガーに見られる打ち方だ。10年には31本塁打をマークしたように、もともとは飛ばすセンスにも恵まれていたバッター。トリプルスリーとまでは言わないが、3割30本100打点を狙ってほしい。

同じく、東京ヤクルト・山田哲人選手も、先に触れたようにタイミングをとるセンスに優れた打者だ。タイミングをしっかりとれるからこそ、トップから鋭く振り抜くことができる。山田選手は杉村繁バッティングコーチとの十数種類に及ぶティーバッティングが有名で、試合前に毎日のルーティンとして行っている。毎日、いろいろなタイプのピッチャーと対戦していると、どうしても打撃フォームが崩れ、それによってタイミングのとり方にも影響が出てくる。それをフラットな状態に戻すためにも、試合前の練習の「型」を持っているのは大事なこと。フォームを固めるだけでなく、いい状態に戻す意味でも、自分だけの練習法を持つのは、読者のみなさんにもおすすめだ。

若手の有望株・鈴木誠也《せいや》選手（広島）は、スイングスピード、飛ばす力ともに、球界トップクラス。果敢な守備も含め、野球センスあふれるプレーヤーだが、16年までの課題が、タイミングのとり方だった。ここを克服できれば、もっと確実性が上がると思っていたが、17年も、WBCからシーズン前半にかけて、タイミングがとれずにストレートに差し込まれる場面が目立っていた。それが5月あたりから、自分の間《ま》でタイミングがとれて迷いなくフルスイングができるようになっていた。どこでどのようにして、タイミングをとるセンスをつかんだのか。このあたりは、107ページからの対談を読んでほしい。

逆方向に打つセンスを持った井端弘和、宮本慎也

現役時代、多くの新人選手と出会った。打撃を見ると、プロの先輩なりにいろいろと感じるところがある。そんな中、「当てるのがうまい」と思ったのが、亜細亜《あじあ》大学から中日に入ってきた井端弘和選手。フリーバッティングから、右方向に打つことを徹底して繰り返し、気持ち良く引っ張ることはほとんどなかった。好きなボールを引っ張って打つのは、プロならば誰でもできる。でも、試合でそんな打ちやすいボールは来ない。

また、試合で勝つためには、自分が犠牲になっても、走者を進めなければいけないケースがある。井端選手のようなタイプには、状況に応じた進塁打が求められがちだ。彼は自分のプレースタイルや首脳陣から求められていることを、若いときから自覚していたように感じる。それを忠実に実行できるのも、左右に打ち分ける打撃センスがあればこそだ。

逆方向に打つには、「バットの軌道（スイング）をインサイドアウトにする」「ボールを長く見る」「ステップを狭く」という技術が必要になる。これと逆のことをすると、外のス

ライダーに対して引っかけたサードゴロや空振りになり、ランナーを進める仕事ができない。

PL学園の後輩・宮本慎也選手（元東京ヤクルト）も右打ちのセンスに長けていた。ボールを引きつけて、呼び込んで、逆方向に転がす。とくにランナー二塁のときは進塁打の意識を強く持っていた。チームにとっては、非常にありがたい存在だ。

井端選手も宮本選手も、打率を残す、ヒットを打つという点では、入団当初から優れていたわけではなく、守備センスの高さで最初に名を馳《は》せたタイプ。しかし、右方向に打つ練習を繰り返していく中で、ボールの見方やバットの軌道を習得。結果として打撃センスを磨き上げ、トータル的な野球センスを持つプレーヤーになることにつながった。

私も調子が悪くなると、フリーバッティングのときからショートの頭を目標にして、逆方向に打つ練習を繰り返していた。そう考えると、逆方向に打つ意識を持つことは、打撃センス、野球センスを磨く重要な練習と言えるのかもしれない。

打撃センスの成長に期待！ 茂木栄五郎《もぎえいごろう》、上林誠知《うえばやしせいじ》

17年のシーズンを見ていて、その成長に驚いたバッターが2人いる。

1人は東北楽天ゴールデンイーグルスの茂木栄五郎《もぎえいごろう》選手だ。プロ1年目（16年）もミー

トセンスの良さを感じたが、17年は力強さが加わっている。甘い球をのがさずに、フルスイングができる。タイミングをしっかりとれているからだ。投手のモーションに合わせて前の右足を上げ、軸足にためを作りながら間合いをはかっている。ケガが多いのが心配だが、いずれは首位打者争いをするような存在になってもおかしくない。

何年か前、福岡ソフトバンクのキャンプを見に行ったときに、「このバッターはいい。絶対に一人前にしたいから、注目してほしい」と工藤公康《きみやす》監督が語っていたのが上林誠知《うえばやしせいじ》選手。17年、その打撃センスが開花し、恐怖の下位打者として活躍を見せている。また、足も速く、肩も強い。

技術的に言うと、右半身に壁を作るセンスに長けていて、体が開かない。右半身に支点ができるため、ヘッドが走る。ワンバウンドしそうな低い球をヒットにしたことがあったが、まるでイチロー選手のようだった。体が早く開いたら、ああいう打ち方はできない。

上林選手のバッティングを見て、その姿が重なったのが稲葉篤紀《あつのり》選手（元ヤクルト・北海道日本ハム、現侍ジャパン監督、北海道日本ハムスポーツ・コミュニティ・オフィサー）。17年シーズンで高卒4年目。これから弱点を攻められ、苦しむこともあるかもしれないが、打撃センスの高さは素晴らしいものがある。守備、走塁も一層磨いて、総合的な野球センスを高め、将来はぜひとも、侍ジャパンの主軸選手になってほしい。

第3章 守備センス解説&列伝～野球センスに必須の守りの鉄則

――オシャレなプレーの前に、優れたスローイングが、基本的な守備センス

プロ入り後、ショート↓セカンド↓レフト↓サードと、4つのポジションを経験する機会に恵まれた。プロ入り当初はショートで長くプレーしたい気持ちもあったが、右肩を痛めたこともあり、入団5年目に当時の高木守道《もりみち》監督にお願いし、セカンドにコンバートしてもらった。一塁までの距離が短い分、ラクだと考えていたが、思い違いだった。ショートとは動きが逆になるうえに、バントの対応やバックアップの運動量も多い。セカンドを経験し、身をもって守備の奥深さを知れたと思う。

また、レフトには、内野とは違う難しさがあった。打者との距離が遠いため、1球1球集中するのが容易ではない。内野から外野に回った分、よけいにそれを感じた。内野手であれば、自分がからまないプレーが続いても、アウトを取ったあとのボール回しなどでリズムを作れるが、外野手にはそれがない。1試合で1球も打球をさばかないこともある。常に緊張感を持って、集中し続ける外野手のすごさを実感したものだ。

最後に守ったサードは、「怖《こわ》さ」を感じるポジションだった。バッターとの距離が近く、右打者が引っ張った打球はとてつもなく速く感じた。少しでもかかとに重心がかかると、

一歩目の反応が遅れる。ショートやセカンドと違い、怖さとの戦いでもあった。

こうして内外野・複数のポジションを守ったからこそ得られた、私なりの守備センスを高める極意がある。スローイングのセンス、ゴロ捕球のセンス、フライ捕球のセンス、判断力に優れたセンス……。本章では守備にまつわる野球センスについて、話を進めたい。

だが、1つだけではなく、複数のセンスを、そして守備センスだけではなく、他分野も含めた総合的な野球センスを高めるのが本書の最終的な狙《ねら》いであることは、前述したとおりだ。

読者の方が守備面の野球センスとして習得したいのは、もしかしたら、打球方向を的確に読んだ巧《たく》みなポジショニングや、瞬時の判断力も必要で技術も高いグラブトス、視野が広くて気が利いたオシャレなプレー、相手を手玉にとるような頭脳的なトリックプレーなどかもしれない。ただ、これらは高度な面もあるので、解説はのちほど。

私は守備における、まず基本的なセンスとは、「投げること」、すなわちスローイングだと感じている。自分が狙ったところに、しっかり投げられるか。プロならできるのは当たり前と思うかもしれないが、意外にそうでもない。悩みを抱えている選手はけっこう多いのだ。そして、投げることに問題があれば、レギュラー定着は難しい。

投げるセンスを見分ける簡単な方法がある。注目してほしいのは、オールスターのホームラン競争だ。野手がバッティングピッチャーに指名されることが多いが、ここで当たり前のようにストライクを投げられる選手は間違いなく、スローイングなどの守備センス、ひいてはトータル的な野球センスがいいと言える。球場内の注目を一身に集める中で、淡々と、全力投球ではなく7〜8割の力で打ちやすい球を投げる。これが、なかなかできない。投げることに苦手意識があった私には、どう考えても無理な話だった。

記憶の中では、ＰＬ学園高校の後輩・宮本慎也選手や、谷繁元信《たにしげもとのぶ》選手（元横浜・中日など、元中日監督）、石井琢朗《たくろう》選手（元横浜・広島、現広島打撃コーチ）がじょうずに投げていた。現役では、巨人の阿部慎之助選手らも経験している。また、おそらく、同じく巨人の坂本勇人選手もうまく投げられるだろう。どこで判断しているかと言えば、それはポジションからのスローイングだ。10の力だけでなく、8や6の力でフワーッとした山なりでも、一塁手の胸にピタッとストライク送球ができている。抽象的な表現だが、「指先のセンスに優れている」と表現してもいい。どのぐらいの力で、どこでボールを放せば狙ったところに投げられるのかが、自分自身の感覚に刷り込まれている。磨き上げられたセンスと言える。

実はこのようなスローイングは、丸めた紙クズをゴミ箱に投げ入れる遊びと似ている。子どものころ、ゴミを投げて、親や先生に怒られたことのある読者も多いだろう。ゴミ箱との距離をはかりながら、腕を振るスピード、指先の力を本能的に調整していたはずだ。

2012年オールスターの試合前のホームランダービーで、投手役を務めた宮本慎也選手。

もちろん、実際の試合になれば投げる距離が遠くなり、より難易度が増すわけだが、距離を感じて、力を調整するというメカニズムに変わりはない。

こんな練習も面白い。10メートルほど先に、ボール用のカゴを置き、そこに何球入れられるかを競うのだ。カゴに入れるには、ライナーではなく、山なりの軌道で投げる必要が出てくる。遊びの要素もあり、小学生や中学生は楽しみながらセンスを磨くことができる。

2014年夏の甲子園で東海大学付属第四高校（現東海大学付属札幌高校）のエース・西嶋亮太《にしじまりょうた》投手（現JR北海道）が、50キロ台の超スローボールを投げて話題になった。斜め上に放《ほう》り投げ、テレビ中継では画面の枠《わく》から消えもした。あれだけ遅い球をストライクゾーンにコントロールするのは、ボールを投げるセンスがなければできない。

このスローボールを、ショートやサードのポジションからファーストに投げてみるのも面白い。カゴに入れる遊びと同じ意味合いがあるが、一塁に投げることで、より野球の技術に近くなる。いかにゆるいボールを投げるのが難しいことか、実感できるはずだ。

私はゴルフが好きだが、アイアンやサンドウェッジでグリーンまわりからピンに寄せるショットも、投げるセンスに似ているかもしれない。ピンとの距離を感じながら、優しくアプローチする。100％の力でガツンと打てば、方向が合っていてもボールはカップをオーバーしてしまう。ゴルフ仲間の中にはドライバーは得意だけど、グリーンまわりが苦手という人も多い。スローイングで例えるなら、強く投げるのは得意だが、優しく投げるのは苦手、となる。やっぱり、似ているところが多いのではないか。

イップスをカバーする方法、横から華麗に投げる方法

「イップス」という言葉を聞いたことがあるだろうか。心理的不安によって、「ミスしたらどうしよう」との思いが強くなりすぎて、体が思ったとおりに動かなくなる運動障害だ。もともとはゴルフのパットから来ているようだが、プロ野球でも、スローイングイップスにかかる選手はいる。現在、オリックスの二軍監督を務める田口壮《そう》選手（元オリックスなど）や、福岡ソフトバンク・内川聖一選手のような実力者でも、若いころにイップスになり、内野手から外野手に転向した。外野手ならば、ノーバウンドでもワンバウンドでも「だいたいそのあたり」に投げれば、相手が捕ってくれる。内野手ほど細かいコントロールが求められないため、イップスが改善される傾向にある。

私は幸いにも「まったく投げられない」というほどの状態に陥《おちい》ったことはないが、悪送球をしたあとに同じような打球が来ると、動きが固くなった。軽度のイップスならば、多くのプロ野球選手が経験しているのではないか。中日時代のチームメイト・荒木雅博《まさひろ》選手

も、イップスで悩んだ時期がある。なぜ、荒木選手がスローイングに悩みながらも、一流内野手として活躍できたかというと、イップスとうまく付き合い、カバーするセンスを持っていたからだ。上から投げることに不安があったため、打球を捕る位置によっては、横から軽く投げることが多かった。

上からも、横からも、下からも、どんな角度からでもボールを投げられるという器用さも、スローイングのセンスと言える。上からのスローイングが不安ならば、対症療法として、横から投げればいい。複数の投げ方を持てば、「AがダメならB」というように、プレーを選択することが可能になる。「Aしかない」では、プレーの幅が限定されてしまう。

横から華麗に投げるにも、センスが必要だ。長嶋茂雄さん（元巨人、現同終身名誉監督）のスローイングが最高のお手本となる。サードゴロを捕ったあと、横から美しい軌道のボールを投げていた。投げ終わりでは人差し指が一塁に向き、腕が内側にひねられることによって、小指が上を向く。これは、リリース時に手首が立っているからこそできる動き。手首が寝ていると、こうはならない。サイドスローやアンダースローのピッチャーが、投げるときの注意点として「手首を立てる」と表現することが多いが、野手にも同じことが言える。

ただ、気をつけたいのは、「スローイングの基本は、ヒジを肩の高さよりも上げて投げるオーバースロー」ということ。これによって、ボールにバックスピンがかかり、きれいな縦回転で投じられる。横から投げるクセがつくと、ヒジが下がり、ボールの回転が悪くなる。カットプレーのように長い距離を投げる必要がある場面では、上から投げなければいけない。私はキャッチボールのときはヒジを上げ、上から投げることを意識した。基本があったうえで、横や下から投げることを覚えていくといいだろう。

足を使って投げるセンス

今宮健太選手（福岡ソフトバンク）は、ショートで13年から4年連続でゴールデングラブ賞を受賞。前著『二遊間の極意』（廣済堂出版刊）で彼と対談を行ったのだが、その守備を見ていて、気になる点があった。それは、スローイングのほとんどが全力に近く、もっとラクに投げられれば、遊撃手として長く生きられるのではないか、ということ。

その点について尋《たず》ねると、今宮選手も同じことを感じていた。彼は、「ちょっと軽く置きにいったら、悪送球になったことがあって、それが今も頭から離れません。どうしても、軽く投げることに苦手なイメージがあります」というようなことを話していた。

この気持ちはよくわかる。軽く投げて悪送球したときほど悔いが残ることはない。ただ、常に全力で投げ続けると、内野手としての寿命が縮まる。どうしたら7割、8割の力で投げられるのか。これまで説明してきた目標物との距離感、指先感覚に加え、足を使って投げるセンスが求められる。下半身のフットワークを使えれば、腕の力だけに頼る必要がなくなり、肩やヒジの疲労軽減にもつながるからだ。

名手・宮本慎也選手のスローイングを思い出してほしい。どんなときも足を使い、足の力を生かしながら、一塁へ投げていた。足が動けば、体重移動がうまく使えるため、腕にかかる負担は減る。下が決まれば、上の方向性も決まる。コントロールを安定させるためにも、足の使い方は重要だ。驚くような肩を持っているわけではない宮本選手が、43歳を迎える年まで現役の内野手として生きていけたのはフットワークにある。

ステップの基本は、捕球後に軸足の内側のくるぶしを投げたい方向に向けること。右利きならば、左足の前を通過させるように、軸足の右足を踏み出す。内側のくるぶしを向けることで、投手と同じように横向きの姿勢が作られ、前の肩で狙いを定められる。「フロントステップ」と呼ばれる技術だ。実はこれは、宮本選手に教えてもらった。私は漠然《ばくぜん》と「軸足の内側を向ける」という意識だったが、宮本選手は「内側のくるぶしを向ける」。確かに「くるぶし」にフォーカスしたほうが、高い意識を持てそうだ。

センスに優れた内野手は、このステップが体に染《し》みついている。坂本勇人選手も、捕球後のステップを丁寧《ていねい》に行うようになった。体勢が悪くても、内側のくるぶしを向けたステップをしっかりと入れ、悪送球が少ない。肩の強さに頼らない点に成長が見られる。また、フロントステップができると、格好良く見え、センスを感じさせる。「投げたい方向に内側のくるぶしを向ける」を意識し、守備センスを磨こう。

一方で、できるだけ避けたいステップが、バックステップだ。これは、右投げの場合、軸足である右足を、左足の後ろにステップすること。こうなると、投げたい方向に対して、左肩が内側に入り、コントロールを乱す原因となる。ただ、「できるだけ」と書いたのは、バックステップが必要な局面もあるからだ。

代表的な場面は、遊撃手が二塁ベース寄りの打球を捕球し、一塁に投げるところ。力の方向がライト側に向いているため、フロントステップを入れるのは難しい。バックステップで投げたほうが、スムーズにスローイング動作に移れる。難易度の高いプレーだが、バックステップで一塁にストライク送球ができる選手は、守備センスに優れていると思っていい。

打球方向を予測し、一歩目のセンスを磨き上げる

捕球面は、様々な練習に取り組み、意識を高めることによって、守備センスを磨ける。スローイングに比べれば、後天的に身につけやすい技術と言えるだろう。

プロの内野手はピッチャーが打ち取った当たりを確実に捕り、そしてアウトにしている。ひと言であらわすなら「堅実」。なによりこれがいちばん難しい。試合で勝つために必要なのは、ファインプレーではなく、取れるべきアウトを確実に取ることだ。

では、捕球センスに優れた内野手が実践しているポイントをいくつか紹介したい。まずは、一歩目のスタートだ。打者のインパクトに合わせ、一歩目をどれだけ素早く切れるか。一歩目が遅れると、ギリギリの打球をアウトにできない。プロ野球を観戦する機会があれば、各選手の一歩目を観察してほしい。重心の置き方が人それぞれ違うはずだ。

今、守備が最もうまい内野手は、菊池涼介《りょうすけ》選手（広島）だろう。セカンドで、13年から16年まで4年連続でゴールデングラブ賞を獲得。守備範囲の広さは、メジャーリーガーと比べても、遜色《そんしょく》がない。それだけ広いエリアをさばけるのは、一歩目が早いからだ。

菊池選手は、構えに特徴がある。重心を低くすることなく、ほぼ自然体で立つ。「低く構えると、一歩目が遅くなる」という考えを持っているそうだ。確かに、低すぎると、次の動作に入るときに重心が浮く場合がある。スッと立ったほうが、一歩目で低く入れる。

私は、テニスのサーブを受けるようなイメージで構えていた。最近は、錦織圭《にしこりけい》選手の活躍もあり、テレビでテニスの試合の映像が流れることも増えているので、「あの動きね」とイメージできる読者もいるだろう。テニス用語に「スプリットステップ」という技術が

自然体の構えから一歩目を早く切ることで、驚異的な守備範囲を実現している菊池涼介選手。

あり、サーブのタイミングに合わせ、レシーブする側がその場で小さくジャンプをする。この動きを入れることで、一歩目を早く切れるのだ。言わば、「動から動」の動き。わかりやすく言えば、予備動作を入れておくことによって、反応が早くなる。

このスプリットステップを入れると、不思議なもので、「あの内野手、センスがありそうだな」と思えてくる。菊池選手も最初の姿勢はやや高いが、投手のモーションに合わせて、小さくステップを入れている。静から動ではなく、動から動を意識している証拠だ。

草野球を楽しんでいる読者の方も、まずは形からでも構わないので、守るときにこのステップを取り入れたらいかがだろう。野球センスがありそうだとまわりに思わせる効果もあるし、次第に動から動への意識も高まり、センスの実体も伴《ともな》ってくるのではないか。

また、セカンドとショートは、「投手が投じたコースと打者のスイング軌道が見える」というお得なポジションだ。打球がどこに飛ぶかが、ある程度は予測できる。例えば、右投手対右打者で、外角に直球が投じられたとする。これに対し、打者の振り出しが遅れたならば、セカンドがケアするのは二遊間ではなく、一、二塁間となる。それがわかった瞬間に重心を左足にかければ、一歩目を切るのが断然早くなる。一歩目の究極は、「インパクトの前に動いている」だ。バットとボールが当たってから動くのは誰にでもできるが、この究極を目指すことで、間違いなく、一歩目のセンスは磨かれるはずだ。

ただ、気をつけなければいけないのは、早く動きすぎると、逆を突かれる可能性もある点。17年WBCの2次ラウンドでのオランダ戦を覚えているだろうか。1点リードの7回裏一死一塁の場面で、センターに抜けそうな強烈な打球を菊池選手が横っ飛びでキャッチし、そのまま二塁ベースカバーに入った坂本選手へグラブトス。世界大会という大舞台で、まさに、「忍者！」と呼びたくなるスーパープレーを見せた。だが、9回裏二死三塁からセンター前ヒットで同点に追いつかれる。今度も二遊間寄りのゴロだったが、ダイビングキャッチを試みた菊池選手のグラブの先に当たり、センターへ抜けた。

映像を見返すと、打者のスイング動作に合わせ、菊池選手が左足に重心を乗せている。則本昂大《のりもとたかひろ》投手（東北楽天）が投じたのは外角。瞬時に、「一、二塁間に来る」という予感が芽生えたのかもしれない。そのため、ほんの少し逆を突かれた。一歩目のスタートに優れる菊池選手ならではの高度なセンスが裏目に出たプレーと言える。これが、何度も対戦している打者なら、スイングの角度やスピードから、打球方向をもっと明確に読めただろう。

ときには逆を突かれることもあるが、一歩目を早く切るためには、あえて「どちらかの足に重心を乗せる」というルールで練習してみるのも面白い。右に来るのか、左に飛んでくるのか、今まで以上に鋭い感覚で打者を見ることで、守備センスを養えるはずだ。

私はショートとセカンドの視界に慣れたあと、レフトをはさんでサードに移った。そのため、サードから見える打者の映像は、それまでとは違った。投手が投じたコースが見えないうえに、スイング軌道もわかりにくい。とくに右打者は背中側しか見えないため、判断が難しい。左肩の開きが早い打者は、引っ張るのが打ち方でわかるが、開きが遅くてスイングが速い打者は、予期しないタイミングで強烈な打球が来た。

この打球に備えるために、ショートとセカンドのときよりも重心を下げて、構えるようにした。低く構えなければ、地をはうような強いゴロに対応できなかったからだ。このあたりは、バッターとの距離がある二遊間とは考え方が変わってくる。

ボールの軌道の正面から、あえて外れて捕る

「正面で捕りなさい」は、少年野球のころから当たり前のように教えられる守備の基本だ。でも、この考え方は半分正解で、半分間違い。理由がわかると、捕球センスがさらに磨かれる。

例えば、センスのいいショートは、打球が真っ直《ま》ぐ《す》来たとき、あえてボールの軌道から外れ、自分の左側に打球を置く。正面から、わざとずれて、斜《なな》めからボールを見るのだ。このほうが打球との距離感がつかみやすく、どのタイミングで捕球姿勢を作ればいいのかがわかりやすい。

回り込んで捕ることで、一塁へのスローイングがスムーズにできる。当たり前だが、ゴロは捕って終わりではない。捕って、投げて、一塁手が捕球して、1つのプレーが完了。内野手は次に投げる体勢まで頭に入れて、捕る必要があるのだ。極論を言えば、「捕る＝投げる」。いい捕球体勢が、安定したスローイングにつながる。回り込むコツは、「ボールの右下を見る」感覚。そこを見ようとすれば、自然に正面から外れることができる。

先ほど話した半分正解というのは、最後は正面で捕るとの意味だ。正面＝ヘソの前。余裕があるときは、しっかりと股《また》を割り、ヘソの前で打球を処理する。

小さいころに「正面で捕りなさい」と教わると、最初から最後まで正面で見ようとして、ボールとの距離感がとれなくなる。繰り返しになるが、まずは正面から打球を外すこと。これができるだけで、野球センスの良さが目立つ内野手になれるだろう。

「ヘソの前」という考えは、逆シングルのときにも生きる。イメージしやすいのが、ショートが三遊間寄りの打球をさばくとき。逆シングルで捕球し、小さくステップして一塁へ送球。肩が強ければ、ノーステップで投げることもあり、遊撃手の見せ場だ。

逆シングルは右足の横で捕ることが多いが、ヘソの向きに注意したい。上体をひねり、ヘソを打球方向に向け、「正面で捕る」こと。「逆シングル＝横着」と見られがちだが、その際はヘソが打球に向いていないことが多い。打球とヘソとの関係性に気をつけよう。

ショートバウンドを難なくさばくセンス

シートノックを見ていて、「いい守備センスをしているなぁ」と感じるのは難しい打球をショートバウンドでさばく内野手だ。

イージーゴロであれば、バウンドのどこで捕っても問題ないが、いつも同じところで捕れるわけはない。間一髪のプレーとなれば、打球にチャージをかけてショートバウンドで捕るセンスが求められる。ショートバウンドはイレギュラーの影響を受けにくいため、実はさばきやすいバウンドでもあるのだ。

ショートバウンド捕球の鉄則は、フットワークを使うこと。とにかく前に攻める。インパクトに合わせ、一歩目を前に踏み出せると、不思議とバウンドが合う。これが「打球が来たら、エラーしそうで嫌《いや》だな」とマイナスの考えを持つと、なかなか踏み出せない。打撃同様、守備もかかと重心ではなく、まずは、前に攻める姿勢が大事だ。

そして、グラブの面を打球に対してしっかり向けること。面が向いていなければ、グラブの中に入ってこない。グラブをはめているとわかりづらいので、ときには素手で捕る練習も必要だろう。掌《てのひら》がボールに向いているかどうか、確認しやすくなる。

ショートバウンド捕球は、味方からの送球時にも生きる。よくあるのが、二盗の場面。捕手のショートバウンド送球を、二遊間選手が柔らかいグラブさばきで捕球し、一塁走者を刺す。盗塁を許せば走者は得点圏に進むため、ショートバウンド捕球は勝敗にも大きく関わる。

打球と送球のいちばんの違いがなにか、わかるだろうか？　打球は自らフットワークを使い、ボールとの距離感をはかって調節できる。自分が動いて、捕りやすいバウンドを作れるのだ。だが、送球の場合、ベースの位置が決まっていて、滑り込む走者にタッチしなければ、盗塁を刺せない。それゆえに、足を固定した状態でのグラブワークが求められるが、ここでの基本も、グラブの面をボールに見せること。面が下を向くと、グラブにうまく入らない。

さらに大事なのは、グラブを上げないこと。地面に着けた状態のまま、どれだけ待てるか。捕手からの送球がワンバウンドで高くはずむことはまずないので、下で待てれば、グラブに入ってくれることが多い。へたな選手はグラブを上げるタイミングが早く、グラブの下をボールがすり抜けてしまう。

第1章でも紹介したが、グラブを下に置いた状態で待つことに長《た》けていたのが井端弘和選手だ。打球に対しても送球に対しても、グラブが上がらない。これこそ、井端選手の最大の守備センスと言っても過言ではないだろう。「トンネル」との言葉があるように、グラブが上がることによって、股のあいだを抜ける恥ずかしいエラーが生まれてしまう。

「井端流」内野ゴロのさばき方

グラブを地面までしっかりと落としてボールを待つ。これを確実に実践できるようになれば、守備センスは間違いなくアップする。

巨人の井端弘和コーチは、自分で実際にやって見せながら、チームの若手を指導している。

握り替えのタイミングを早めるには、懐《ふところ》の広さが必要

私はショートからセカンドに移ったときに、握り替えの重要性を改めて認識した。5－4－3や6－4－3のときに、セカンドは素早くボールを放さなければ、走者のスライディングにつぶされる。今は野手への直接的なスライディングが禁止だが、私の現役時代は、併殺《へいさつ》阻止のための激しいスライディングを、日常的に受けたものである。

握り替えのセンスを磨くには、懐《ふところ》の広さが必要になる。脇を軽くあけて、両手を前に出し、リラックスした状態で送球を待つ。私はゴロ捕球でも送球を受けるときでも、ボールを捕ったあとは必ずグラブを胸に引き寄せ、この引き寄せるあいだに握り替えを完了させることを意識した。どこでボールを捕ろうとも、胸に引き寄せれば、その先は同じ動作になる。言わば、ニュートラルの状態を作れるわけだ。このときに脇を締め、体の近くで捕ろうとすると、握り替えるまでの時間が短くなり、うまくボールをつかめなくなる。胸の前に、膨《ふく》らませた風船が入るようなイメージを持つと、広い懐を作れる。

ただ、握り替えばかりを意識すると、捕球ミスが起きることがある。「早く投げたい」と思うあまりに、ボールを捕る瞬間を見ずに、投げたい方向に目が向くのだ。高度な技術

を持つプロ野球選手でも、実はこういったエラーが多い。まずは捕ることに集中だ。

このようなミスがいちばん起こりやすいのが、バックホームのとき。三塁ランナーが走っているのがわかっているため、焦《あせ》りの気持ちが生まれやすい。まだ捕ってもいないのに、投げることを考えてしまうのだ。17年WBC準決勝のアメリカ戦、決勝点は1アウト三塁からのサードゴロを松田宣浩《のぶひろ》選手がファンブルしたもの（一塁はアウト）。三塁走者のスタートが良かっただけに、焦る松田選手の気持ちもよくわかる。

――グラブトスのセンスを高める極意

間一髪のタイミングで、グラブトスを格好良く決める選手には、守備センス、ひいてはもっと奥深い野球センスの良さを感じる。グラブを巧みに使いこなせなければ、クールに決めることはできない。ここでも、忍者・菊池選手に登場してもらおう。

『二遊間の極意』で対談した際、考え方を聞いて驚いた。菊池選手はセカンドにしては大きなグラブを使っている。際どい打球を捕るためかと思ったが、そうではなく、グラブトスのために、大きくしているという。対談時に菊池選手が言ったのは、「お兄ちゃんがいて、一緒にグラブトスやバックトスをして遊んでいました。グラブトスのために、今の大きいグラブにしている部分もあります。ポケットで捕ったあとに、ウェブ（グラブの親指と人差し指のあいだの網《あみ》の部分）の先までボールを転がして、先で跳《は》ね上げるイメージでトスしています。大きいグラブのほうがやりやすいんです」というような内容だった。

こんな話、聞いたことがない。現役時も引退後も、こんな発想を持った選手と出会ったのは菊池選手が初めてだ。まさに、野球センスの塊《かたまり》。恐れ入った！

グラブトスの基本は手首を使わずに、ボールを手渡すように優しく押し出すこと。足のステップも加えれば、ある程度、強いボールが行く。手首を返すと、フワッと上がることが多い。でも、菊池選手の発想は180度違う。ウェブで転がして、グラブの先で跳ね上げる。「転がすイメージを持ったほうが、速いトスができる」と教えてくれた。そのためにグラブの型にも気を配り、「中指のところがなるべく動かないように」とメーカーにオーダーを出すそうだ。名手になればなるほど、グラブへのこだわりも深い。

それ以外にも、菊池選手の話で再確認できたことがある。それは、遊びの中で楽しみながら、グラブさばきを身につけたこと。兄弟や身近な選手のプレーに接して学ぶことで、磨かれたセンスもあるはずだ。遊びの延長として、グラブトスだけでのキャッチボールも面白い。捕るほうは「ショートバウンドで捕る」「逆シングルで捕る」といったルールをもうければ、さらに守備センスを磨く練習になる。

——視野の広さに瞬時の判断力、プラス遊び心が、センスある頭脳プレーを生む

17年3月31日に東京ドームで行われた巨人対中日の一戦。その試合の守備で、坂本勇人選手が野球センスの高さを感じさせる、見事な頭脳プレーを見せた。

場面は4回表、巨人の守りで無死一塁。打席には中日のダヤン・ビシエド選手が入った。インハイのシュートに詰まった打球は、二塁ベースのやや左側に飛び、ショートへの飛球。イージーなフライで、誰もが坂本選手が捕球すると思ったはずだ。しかし、坂本選手はノーバウンドでキャッチせず、あえてワンバウンド捕球。6－4－3の併殺を完成させた。

なぜ、ダブルプレーを取れたのか。それは、「フライアウト」と決めつけたビシエド選手が、一塁までしっかりと走っていなかったから。厳しく言えば、怠慢《たいまん》プレーだ。

だが、守備側の視点で考えると、打者走者の動きを見逃さなかった坂本選手のファインプレーと言える。飛球を見つつ、チラリとビシエド選手に目をやっていた。「走っていない」と確認したうえで、ワンバウンド捕球を選択。見事な判断力であり、なかなかできるプレーではない。というのも、小さいころから「ボールから目を離さないこと」が基本と教わっているからだ。インプレー中、しかも自分へ打球が飛んでいるのに目を離すのには怖さが伴う。

また坂本選手には、万が一、打者走者を刺せなくても、「一死一塁で再開、走者は足が速くないビシエド選手」という計算もあったのではないか。だからこそ、思いきれたのだろう。難易度が高い頭脳プレーを、さらりとやってのけた坂本選手。視野の広さに加え、ちょっとした「遊び心」が生んだ、野球センスあふれるプレーだ。ボールだけを見ていたら、こんな芸当はできない。坂本選手のようなプレーを身につけるには、常日頃からの視野の広さが大切。グラウンド上だけでなく、日常生活でもまわりに気を配ってみよう。

こうした頭脳的なダブルプレーを、本来、決めやすいのは、送りバントのとき。小フライを上げて「失敗だ」と気落ちした打者が一塁に走らなければ、その動きを見て、1－6－3（4）、あるいは2－6－3（4）の併殺を狙う。小フライが上がれば一塁走者もスタートを切りにくく、二塁で刺せる可能性が高い。まわりの野手の指示の声も必要だ。

ルール上、内野手の故意落球の場合、併殺が認められない。故意落球とは、無死または一死、走者が一塁のときに適用されるルールで、「審判員から見て容易に捕れると判断した飛球、またはライナーを、内野手がグラブや手でボールに実際に触れて落とす行為」を指す。坂本選手はグラブや手に触れず、飛球をワンバウンドさせていた。グラブに当てたあとにわざとポロリとしていたら、併殺は不成立で、ビシエド選手のみがアウト。一死一塁から試合再開だった。ルール上、なにがOKで、なにがダメなのか。この辺も頭に入れておきたい。

――見せ場たっぷり！ 外野手ならではの野球センスあふれるトリックプレー

落下地点にいかに早く入るか。外野手に求められる守備センスの1つだ。

センスのいい外野手は、落下地点へ無駄なく一直線に走り込む。千葉ロッテの岡田幸文《よしふみ》選手や、北海道日本ハムから17年に巨人へ移籍した陽岱鋼《ようだいかん》選手らは、この判断力が優れている。当たった瞬間に、打球が落ちる地点がわかっているかのようだ。二遊間と同様に、センターは投球コースと打者のスイングが見えるため、ある程度は打球方向を予測できる。以前、岡田選手のスタートの映像を見たが、バットとボールが当たる前に動き出し、見事にそこに打球が飛んだ。「インパクトの前に動く」という究極のスタートをやってのけていた。

盲点になるのが、グラブを持つとスピードが落ちること。例えば、50メートルを6秒5で走る選手は、グラブを持った状態でも同じスピードを維持できるのか。たいていの選手はスピードが落ちるのだが、理由は、ボールを見ながら追いかけ、またグラブを持ったほうの腕をしっかりと振らないからだ。どうしても打球を捕ることに意識が行き、グラブを出しながら追いかけてしまう。その点、岡田選手に高い守備センスを感じるのは、打球を捕る直前まで腕を振り続けているところ。だからこそ、守備範囲が広い。まずはグラブを持って全力で走るクセをつけたい。それによって、捕球センスも磨かれるはずだ。

外野手ならではの野球センスあふれる頭脳プレーもある。一死二塁で「頭上を越す長打」と外野手自身はわかっているにもかかわらず、あえて捕球姿勢を作り、走者を幻惑させる。実際の打球はフェンスに直撃、走者はハーフウェイからあわててスタートを切るものの、本塁まで戻れないという、先の陽選手や、イチロー選手、新庄剛志《つよし》選手（元阪神、北海道日本ハムなど）らの得意プレーだ。

ここからわかるのは、「ランナーは打球を見ているようで、見ていない。外野手の動きを判断材料にしている」ということ。頭を越えたと思っても、外野手が落下地点で捕球体勢に入ると、「あれ？　そんなに飛んでいないの？」と不安になる。これでスタートが遅くなれば、外野手としては、しめたものだ。

もし、外野手の読者の方がフェンスのある球場で試合をする際、どうすれば、このようなセンスある頭脳プレーができるのか。大事なことは、自分が守っている場所からフェンスまでの距離を知ること。どのぐらい走れば、フェンスに到達するのか。さらに、クッションボールの跳ね返りはどの程度か。球場の特性を頭に入れておく必要がある。

イチロー選手や新庄選手のような外野手が瞬時に考えるのは、「この打球ならフェンス直撃。深追いするよりも、落下地点に入ったフリをしてランナーを足止めし、クッション

センスあふれる守備の評価が高かった新庄剛志選手。魅《み》せるプレーでファンにも愛された。

ボールの処理に専念したほうがいい」ということ。こうした判断力や、ミスなく機敏にこなしきる能力こそ、まさに野球センスと言える。プロ野球でシーズンを通しても希少価値の高いプレーであると同時に、ダイナミックで見せ場がたっぷり。成功すれば、ファンを大いにわかせられる魅力あふれるプレーだが、クッションボールの対応をしくじれば、よけいな進塁を招いて負けにつながる恐れもある。単純に打球を判断・処理するだけではない、かなり高い野球センスが求められるのだ。

足を使って捕り、足を使って投げるセンスが光る宮本慎也、井端弘和

守備センスが光るプレーを披露する名手に、前章同様、列伝仕立てで迫っていきたい。現役時代、私が守備で最もこだわっていたのは、「足を使って捕り、足を使って投げる」こと。内野守備の多く、とくにゴロ打球は、捕って終わりではなく、捕ったあとに一塁、または、ほかの塁に投げなければ、アウトは成立しない。捕ることと投げることが一連の動作になっている選手こそが、基本的な意味で、守備センスのある内野手と言える。

そういった観点で考えると、私が接したプレーヤーの中で、真っ先に思い浮かぶのが宮本慎也選手だ。ＰＬ学園時代の１つ後輩ということもあり、彼のプレーは気になって、よ

く見るようにしていた。

宮本選手は足がよく動いた。ダイビングキャッチでのファインプレーという映像は、あまり浮かんでこない。打球の読み、一歩目を切る早さ、フットワークの鋭さ、すべてが合わさり、ギリギリの打球でも足で捕ることができたのだ。

スローイングにもセンスがうかがえた。ＰＬ学園に入ってきたとき、1年春から一緒にシートノックを受けていたが、最初に感じたのは「スローイングが安定している」ということ。無理な力を入れなくても、一塁にストライク送球ができる。捕ることがクローズアップされることが多いが、スローイングもピカイチのセンスがある。本人は「投げることで苦労をしたことはない」と語っているが、これこそ、天性の才能と言えるだろう。

また、ショートを守っていたときの宮本選手は、私が打席に入ると、やや二塁ベース寄りに守備位置を変え、二遊間を詰めるシフトを敷いていた。センター中心に強く引っ張りにいく私のバッティングの特徴をよく知っていたのだ。現役時代、彼の守備にヒットを奪われたことが何度もある。身のこなしだけでなく、戦略的な守備センスも抜群だった。

そんな宮本選手と重なるのが、前章の打撃センス選手列伝でも「逆方向に打つセンスに長けたタイプ」として同じくくりで取り上げた井端弘和選手だ。派手さはないが、堅実。井端選手も、ダイビングキャッチのイメージはない。それだけ、球際まで足を使い、足で捕りにいっていた。ここまで何度か触れたことだが、グラブを下げた状態で打球を待てるのが井端選手の卓越《たくえつ》したセンス。強い打球が来ると、人間の本能として「怖い」「逃げたい」気持ちが生まれる。その結果、グラブが上がり、腰が浮き、なんとか体で止めるのが精一杯というプレーになってしまう。だが、井端選手は強い打球こそ、グラブを下げていた。「怖い」と感じるのは、ボールの正面に入ってしまうから。ショートのようにバッターとの距離があるポジションであれば、84～85ページで解説したように、ボールの正面からずれるのも1つの手だ。読者の中に強い打球が苦手な選手がいたら、「グラブを下げる」「正面からずれる」という2点を意識すると、捕れるようになるかもしれない。それに伴って恐怖心も薄らいでいくはずだ。

宮本・井端両選手の職人技は、攻守にわたって披露されていた。脇役選手タイプならば持っていたい、マルチな野球センスの1つの形を、彼らは体現していた。

現役で足を使えているのが、藤田一也《かずや》と源田壮亮《げんだそうすけ》

宮本選手や井端選手と同じようなにおいを感じる現役プレーヤーが、藤田一也《かずや》選手（東北楽天）だ。13年、14年と二塁手でゴールデングラブ賞を受賞。足を使って捕り、足を使

って投げるという守備の基本的なセンスを持っている。派手さはないが、取れるアウトを確実に取る。こういう選手が内野にいると、首脳陣も投手も安心できる。

17年にデビューしたばかりのルーキーだが、埼玉西武のショート・源田壮亮《げんだそうすけ》選手も動きがいい。捕球から送球に移るまでのステップがうまく、「足を使って投げる」というプレーのお手本を示している選手だ。中高生にも、ぜひ見習ってほしい。また、捕ったあとにグラブを必ず体の正面に持ってくる動きも特徴だ。どこで捕ったとしても、正面に「おさめる」。投手のセットポジションと同じような意味合いがあり、「ニュートラルな状態」が作れている。正面におさめることで、同じ動きを再現しやすくなり、ミスが減る。

パ・リーグのショートは、福岡ソフトバンクの今宮健太選手が16年まで4年連続でゴールデングラブ賞を受賞しているが、いつかこの牙城《がじょう》を崩《くず》せる日が来るかもしれない。

――グラブさばきに長けた中村紀洋《のりひろ》、駒田徳広さん

現役時代、サードを守ってみて感じたのは打者との距離があまりに近く、足を使う余裕がないということだった。フットワークが大事なのはわかってはいるが、強烈なゴロやライナーの場合、足を動かしている時間的な余裕がない。「カン!」と当たったら、もう目

の前に打球が来ている。これは、本当に怖かった。先ほど「正面からずれる」という策を説明したが、そうする間《ま》もないのがサードというポジションでもある。

こうなると、大事なのは、一瞬の反応スピードとグラブさばき。このセンスが抜群だったのが、中村紀洋選手だ。打撃に注目が集まることが多かったが、ゴールデングラブ賞を両リーグで計7度受賞。セ・パ両方の三塁手部門で同賞を獲得したのは、中村選手ただ1人。この記録を見るだけで、中村選手の守備が高い評価を得ていたことがわかる。

とくに光ったのがグラブさばきで、三塁線の速い当たりにめっぽう強い。逆シングルでいとも簡単にさばく。難しいハーフバウンドでも最後まで目でボールを追い、グラブの面をしっかりと向けて捕球していた。

そして、グラブが常に低く、下から上への捕球の基本ができていた。低く速い打球は野手にとって怖いものだが、グラブを下げておけば勝手に入ってくれる。とくに打球が速い人工芝では、この技術は必須だ。

ポジションは違うが、グラブさばきという意味でセンスを感じたのが、巨人や横浜で活躍した駒田徳広《のりひろ》さんだ。一塁手で実に10度のゴールデングラブ賞を受賞。ショートバウンドのさばきは芸術的だった。逆シングルで、覗《のぞ》き込むようにボールを見るのが駒田さんのスタイル。捕球する瞬間まで、目を離さないでいたのが印象深い。１９０センチ以上の長身で手足も長く、下のさばきもうまいとなれば、ほかの野手にとって心強い。「一塁手が捕ってくれる」という安心感があれば、よけいなプレッシャーを感じずに投げられる。

忍者・菊池涼介のアクロバティックで類《たぐい》まれな守備センス

今、最も守備センスを感じるのは広島の菊池涼介選手だ。読者のみなさんも数々のスーパープレーに衝撃を受けただろう。それを可能にさせるのは、一歩目を切る早さと脚力によって生まれる守備範囲の広さにある。大げさに言えば、ライト前の打球までも守備範囲。左の強打者の場合は、守備位置がとにかく深い。それでいて、当たり損《そこ》ないの打球には猛チャージで前へダッシュし、アウトにするので恐れ入る。

セカンドをやった選手は「深く守ったほうが守備範囲は広くなる」と一度は考えるものだが、どうしても心理的に前の打球が不安になる。菊池選手の場合は「後ろに守っても、前の打球をアウトにできる」という自信があるからこそのポジションの深さだ。

菊池選手のプレーから感じるのは、「アウトを取るためにはどうしたらいいか、どんなプレーがベストなのか」を常に考え、最善の方法を選択していること。ボテボテの打球を捕ったあとに倒れ込みながら一塁へ投げることがあるが、こんなプレーは練習ではしていないだろう。試合の中で、「アウトを取るために」という発想で、体が勝手に反応しているのだと思う。たいていの内野手はこういうときに焦って、ミスをしがちだが、菊池選手は急いでいてもしっかりアウトを取る。この辺にも、類《たぐい》まれなセンスを感じる。

今後、注目していきたいのは正面のイージーゴロに対するさばきだ。『二遊間の極意』の中の対談で、本人も話をしていたが、試合前のシートノックでは正面のゴロを中心に打ってもらうという。左右の難しい打球はほとんどやらない。というのも、イージーゴロになればなるほど「確実に」という気持ちが働いて、足が止まりやすい。足が止まれば、バウンドが合わない捕球ミスが生まれるので、それを意識した正面のゴロの練習を重点的に行っているというわけだ。足を使ってイージーゴロを確実にさばけるようになれば、菊池選手の守備はさらに高いレベルに到達する。言わば、「アクロバティック」プラス「堅実性」。これはもう「究極の野球センスの塊」と言って間違いない。

準備力のセンスに優れたイチローと、魅《み》せるセンスに秀《ひい》でた新庄剛志

私が改めて言うまでもなく、近年の外野手で最高の野球センスを感じるのはイチロー選手だ。高いバッティングセンスや走塁面の能力に加え、レーザービームを放つ肩、捕球、

一歩目、守備範囲の広さ、状況判断……と、ディフェンス面においても、すべての能力がぬきんでている。個別のセンスについてゆっくり語りたいが、ページ数の制約もあるので、ここではあえて、列挙した様々な守備パフォーマンスを可能にしている源《みなもと》の「準備力の高さ」に関して詳述したい。

イチロー選手は常に体を動かし、ストレッチを行い、いつ打球が飛んできてもいいように準備をしている。外野経験の浅い私の話を例に出すのも申し訳ないが、外野手はバッターから離れている分、どうしても集中力を欠きがちになる。内野手のように、ほかの野手と声をかけ合うことも少ない。それだけ、1球1球に集中するのは難しい状況と言える。だからこそ、よけいにイチロー選手の準備力のすごさを感じるのだ。

それは打席に入るときも同じこと。ネクストサークルでルーティンであるストレッチを入念に行ってから、ピッチャーと対峙《たいじ》する。この準備力の高さこそ、イチロー選手の走攻守すべてにわたる素晴らしい野球センスの根源と言えるのではないだろうか。

「魅《み》せる」センスに優れていたのは、新庄剛志選手だった。イージーなフライを、あえてジャンプして捕ったり、ダイビングキャッチでファンをわかせてみたりと、常にお客さんの視点を忘れずにプレーしていたと感じる。そもそも、守備に自信がなければ、こういった魅せるプレーはできない。もちろん、基本的なことができたうえでのことだが、プラス

α《アルファ》のプレーやパフォーマンスで観客を魅了することも、プロとしては重要なセンスだ。

彼のプレーヤーとしての最大の武器は、刺せる肩にあった。強肩に加えて、コントロールがいい。新庄選手がセンターにいるだけで、私も次の塁を狙うことを躊躇《ちゅうちょ》した記憶がある。肩が強いことが「抑止力」になっていたのだ。

様々な電子機器が発達し、内野手や外野手の送球スピードまで計測できる時代になったと聞く。メジャーリーグのショートは、当たり前のように140キロを超えるボールをファーストに投げていて、158キロを記録した選手もいるとのこと。また外野手では、フライを捕ったあとの返球で、なんと170キロが計測されたそうだ。助走をつけていたとはいえ、とんでもない数値だが、阪神時代に一時、投手に挑戦して140キロ台なかばの速球を投げていた新庄選手も、おそらくかなりのスピードの送球をしていただろう。

球際に強い大島洋平、チャージ力の鈴木誠也、総合力の秋山翔吾《しょうご》

OBということもあり、中日の試合を見る機会が多いが、大島洋平選手の守備は球界でもトップクラスだ。16年までのここ6年で5度のゴールデングラブ賞を獲得している。

とくに野球センスを感じるのは、スタートの一歩目と、球際での強さ。インパクトの瞬

間には打球方向に反応しているため、広いエリアを守れる。そして、外野手を「グラブさばきがうまい」と評するのは違和感があるかもしれないが、ゴロでもフライでも最後の最後の球際でグラブに入れる、土壇場に強い野球センスがある。落としそうで落とさない。左投げなので現実的には難しいが、ショートを守っても、捕球だけなら十分に通用するレベルだ。

まだまだうまくなると感じるのが、打撃センス選手列伝でも紹介した広島・鈴木誠也選手の守備。16年、本格的な外野挑戦わずか2年でゴールデングラブ賞を獲得した。一歩目のスピードに長けていて、前に落ちそうな詰まった打球に対し、迷わずに突っ込める勇気を持つ。チャージ力も、守備センスの1つと言える。こうした打球は投手からすると、打ち取った当たり。捕れるかどうかで、投手の気持ち、試合の流れも大きく変わる。観戦の際は、前方の打球への鈴木選手の意識の高さに注目してほしい。

パ・リーグで光るのが、17年のWBCでも主力として活躍した秋山翔吾《しょうご》選手(埼玉西武)だ。守備範囲の広さ、肩など総合力ではナンバーワンと言っていい守備力を持ち、幾度《いくど》となく、西武の投手陣を助けてきた。後ろにも前にも強く、ダイビングも辞さないガッツで、ギリギリの打球をアウトにする。大きなケガが少ないのも特徴で、16年までのプロ入り6年間で全試合出場3度。試合経験を重ねれば重ねるほど、打球方向に対する読みのセンスも研《と》ぎ澄まされていくものだ。出続けることによって、得る力は大きい。

特別対談 Part 1

鈴木誠也 × 立浪和義

打撃センス・守備センス論

鈴木誠也とバッティングセンス

「調子がいいときは、軸足に体重が乗っているね」──立浪

×

「バッティングセンスは選球眼に出ると思います」──鈴木

立浪　今日はよろしく！

鈴木　よろしくお願いします。

立浪　さすがにいい体をしているね。これだけの体があって、足もあって、バネもあって、パワーもある。スーパースターになれる要素を備えているよ。

鈴木　いえいえ、ありがとうございます。

立浪　ウエイトトレーニングもやっているの？

鈴木　はい、やっています。

立浪　本全体のテーマは「野球センス」。その中でも「打撃センスと守備センス」を中心に話してもらえればと思っています。さっそくだけど、自分が考える打撃センスとは？

鈴木　そうですね、選球眼ですかね。僕は比較的、低めのボールになる変化球にバットが止まるほうなんですけど、打者によっては振ってしまう人もいるので。だから、選球眼は

悪くないと思っています。でも、自分ではどうして止まれるかはわからなくて、「どうやって見逃すの？」と聞かれたときに、「ちょっと、わからないです」と答えたことがあります。

立浪　理由がわからなくてもできるからこその天性の能力であり、野球センスってことかな。

鈴木　自分はそう思います。

立浪　でも、おそらくだけど、調子が悪いときは振ってしまうときもあるでしょう？　バッティングを見ていて思うのは、調子がいいときは、軸足に体重が乗っている時間が長いよね。前足を着くまでの間《ま》があるから、ボールを見極められている。それが、今シーズン2017年の4月はあんまり良くなかったよね？

鈴木　良くなかったです。

立浪　いいときと比べると、軸足に乗る時間が短くて、上げた左足がすぐに着いているように見えたんだ。結果的に、ステップも広くなっている。この分析は当たっているかな？

鈴木　はい、当たっています。

立浪　俺も経験があるけど、調子が悪くなると、ステップが広くなりがちなんだよね。気づいていたけど、修正できないところがあったのかな？

鈴木　そうですね。17年は、16年とはまた違う打撃の感覚を目指していて、今の自分に合った感覚をさがしていました。試合を重ねて、少しずつわかってきた感じはあります。

立浪　でも、「もっと上を」と考え、おかしくなるときもあるんじゃない？

鈴木　正直、最初はずっとおかしかったですね……。

立浪　自分を変える怖《こわ》さはなかった？

鈴木　前と同じような成績を出したいと思ってやっていると、「あの球は打てたのにな……」と感じて、ドツボにはまってしまう、と。だから、16年のことは忘れて、新たな自分を作る。今は、今ならではの感覚、センスを見つけようと思ってやっています。

立浪　それでも、軸足に体重を乗せて、間《ま》を作る感覚は変わらない？

鈴木　はい、そこは変わっていませんが、前とは違うやり方で、自分にハマるやり方を見つけようとしています。

打撃の手ごたえをつかんだきっかけと、打球方向の意識

「左肩の亜脱臼《あだっきゅう》によって、右ヒジの使い方を覚えました」──鈴木

×

「外角を左中間に放《ほう》り込めるのが、大きな特長に見える」──立浪

立浪　16年の打撃成績を見ると、打率3割3分5厘、29本塁打、95打点。「神《かみ》ってる」という言葉が流行語大賞に選ばれたように、一気にブレイクを果たしたね。バッティングに

関して、自分の中で「これだな」と手ごたえをつかんだのはいつぐらいだったの？

鈴木 8月下旬に、守備で左肩を亜脱臼《あだっきゅう》してしまいました（16年8月24日の巨人戦、ファウルゾーンへの飛球に飛び込んだ際に、左肩を痛める）。左肩が上がらない状態だったんですけど、試合を休むわけにはいかない。その中でどうしたら打てるんだろうと考えていくうちに、右のヒジをうまく使えるようになったんです。亜脱臼によって左肩が動かないおかげで、右ヒジの使い方を覚えたというか、ヘッドの使い方もわかってきました。

立浪 それは、まさにケガの功名《こうみょう》やね。それ以前も活躍していたけど、まだ自信みたいのはなかったんだ？

鈴木 そうですね。そのときは毎日が必死で、わからなかったですね。

立浪 逆方向にも長打が出るのが1つの特長で、センスを感じさせるところだけど、打球方向の意識はどんなふうに考えている？

鈴木 実は、逆方向に打とうとは、まったく思っていません。意識としては、左中間です。その狙《ねら》いの中で、たまたま逆方向に飛んでいるという感じです。

立浪 ちょっと引っ張るぐらいの意識を持ったほうがいい、ということかな。いいときは、アウトコースでも引っ張って左中間スタンドに放《ほう》り込めるのも、大きな特長に見えるよ。

鈴木 ほかのバッターに聞くと、「逆方向を意識したほうがいい」という考えが多いんですけど、僕はそっち（右方向）を狙うと、打ちにいくときに伸び上がってしまうクセがあるんです。どうしても、きれいに打とうとしてしまう。左中間に強引にいくぐらいのイメージのほうが、自分には合っているように思います。

立浪　なるほど。たぶん、おっつけると、ヘッドが利かなくなるんだろうね。そうなると、本来の魅力である長打力がなくなる。俺みたいなバッターならば、逆方向におっつけるのが合うけど、バッターにはそれぞれのタイプがあるからね。今の感覚のままでいいと思うわ。

鈴木　はい、ありがとうございます。

立浪　16年は29本塁打。17年シーズンも順調に数字を伸ばしているけど、状況によってはホームランを狙うようなこともあるかな？

鈴木　それはないですね、ホームランを狙ったことはありません。極端に言えば、試合中にイメージしているのは強い内野ゴロですね。

立浪　内野ゴロ？　それはさっき言った「伸び上がるクセを防ぐため」という理由もある？

鈴木　それもありますし、フライだと捕られて終わりですけど、転がせばエラーもあるし、内野安打もあるので。内野手をどうにかして動かしたいという思いがあります。

立浪　それも1つの野球センスやね。結果として打球がいい角度で上がることもある。

鈴木　はい、そういうイメージを持っています。

2016年の大ブレイクを経て、17年には4番打者も任されるようになった鈴木誠也選手。パワフルなバッティングや果敢な守備だけでなく、盗塁に関しても、著者は期待を寄せた。

立浪　ちなみに、バットはどんなバットを使っているの？
鈴木　今日、持ってきました。
立浪　ちょっと握らせてもらっていいかな。だいぶ、振り込んでいるね。素材は？
鈴木　ホワイトアッシュで、重さは910グラムです。試合でも練習でも、同じバットを使うようにしています。割れやすいバットなので、試合用と練習用を分けている選手が多いんですけど、僕は感覚が変わるのが嫌《いや》で。
立浪　俺のチームメイトでは、和田一浩《かずひろ》（元西武、中日）がホワイトアッシュを使っていたわ。けっこう、しなるよね。
鈴木　はい、柔らかくて、しなるので、気にいっています。

天才バッターの持つセンスからの学び

「内川は極端なほど体の内側からバットが出る」──立浪
×
「内川さんは感覚がすごすぎます」──鈴木

立浪　15年から毎年1月、福岡ソフトバンクの内川（聖一）たちと自主トレをやっているそうだね。やっぱり、一流選手とやると、得るものも大きいでしょう？

鈴木　内川さんは、感覚がすごすぎて、いまだにわからないことが多いです……。

立浪　とくに、インコースの打ち方は芸術的。内川こそ、バッティングセンスの塊《かたまり》やね。

鈴木　僕にはマネできないことばっかりです。技術的なこともそうですけど、いちばん勉強になるのは練習に取り組む姿勢ですね。あれだけの結果を残しているのに、誰よりもバットを振って、誰よりも走っていて、さらに新しい感覚、センスを見つけようとされている。

立浪　13年の第3回WBCで打撃コーチをさせてもらったとき、内川もいたんだけど、野球に対する姿勢は素晴らしかった。内川に対する「わからない感覚」ってどういう感覚？

鈴木　同じ右バッターの内川さんは、どちらかと言うと、おっつけてライト方向に打つバッターなんですけど、僕にはその感覚や技術がよくわかりません。

立浪　極端なほど、体の内側からバットが出るよね。それが、内川のすごいところ。それだけじゃなくて、ときにはインコースをクルッと回って、レフトに放り込むこともある。

鈴木　一度だけ、ライト方向への打ち方を教えてもらったんですけど、全然わからなくて、すぐにやめました（笑）。自分にはそういうセンスはないんですかね……。

立浪　さっきの「左中間を狙う」という意識と重なるところかもね。鈴木は少々ドアスイング気味でもいいので、ヘッドの遠心力を使って、遠くに飛ばすタイプ。おっつけを意識したら、その良さがなくなる。じゃあ、自分と同じようなタイプで手本にしていたり、打撃センスを感じたりするようなバッターはいる？
鈴木　とくに、いないですね。バッティングは自分の感覚があって、それがいちばん大事だと思うので、あまりほかのバッターを参考にしようとは思いません。たまに打撃センスを感じてマネすることがあっても、最後は自分の感覚に戻ってきます。
立浪　いろいろな人のアドバイスを聞きすぎて、崩《くず》れてしまうバッターもいるからね。そうやって、自分の感覚を大事にするのがいちばんいいと思う。
鈴木　わかりました。
立浪　ちなみに、子どものときに憧《あこが》れていた選手はいる？
鈴木　そんなにプロ野球中継を見るほうじゃなかったんですが、挙げるとすれば、ジャイアンツのときの二岡《におか》（智宏《ともひろ》）さん（元巨人・北海道日本ハム、現巨人打撃コーチ）ですね。細かいところまでは覚えてませんけど、そんなに体が大きくないのにホームランをけっこう打っていた印象があって。
立浪　二岡は、右方向に強い打球を飛ばしていた。あれもセンス。ショートの守備も悪くない。
鈴木　走攻守揃《そろ》っていて、野球センスに満ちた選手だったイメージがあります。
立浪　確かにそうだったな。では、ピッチャーではどうかな？　現役で対戦していてセンスを感じるピッチャーはいる？

鈴木　巨人の菅野《すがの》（智之《ともゆき》）さんですね。足の上げ方を変えてきたり、クイックで投げてきたりして、なかなかタイミングがとれません。球種も、ストレートが速いうえに、ツーシームでも150キロ近く出ていて、スライダーも切れる。とくに、スライダーが嫌ですね。

立浪　ほかのピッチャーと違うの？

鈴木　曲がりが遅いうえに、曲がり幅が大きいんです。

立浪　それは、最悪やな(笑)。話を聞いているだけでも、打てる気がしない。

鈴木　右打者は、とくに大きく感じます。スライダーが曲がりすぎてもぶつかる心配がないので、引っかけてもいいぐらいの感覚で投げていると思います。左打者に聞くと、「曲がるときと曲がらないときがある」と言うので、右打者から見たときの感覚と違うのかなって。

立浪　今考えている攻略法は、どんな感じ？

鈴木　抜けてきた「内甘」の（インコースに来た甘い）スライダーが来たらラッキーぐらいの気持ちですね。菅野さんはコントロールはいいので、体にぶつかりそうな球が来るわけではないから、どんどん踏み込んでいけるところはあります。

立浪　逆の意味で、藤浪晋太郎《ふじなみしんたろう》（阪神）は怖いでしょう。あれだけ右バッターの体のほうに、シュート回転で抜けてくるとね。

鈴木　藤浪はけっこう対戦成績がいいんです。同い年なので、「負けたくない」という気持ちがあって、それがいい方向に出ています。

立浪　17年はデッドボールも多くなってきた。インコースに厳しく攻められることが、これからも増えていくんじゃないかな。

鈴木　最近、わかるようになりました(笑)。

立浪　当てられるのが？

鈴木　ピッチャーと目が合って、「こっちを見ているな」と思ったときは、だいたいがインコースですね。そういう予感がしたときには、逃げられるような準備をしています。

立浪　一流のバッターは、よけ方のセンスも一流やからね。

守備へのこだわり

「とにかく一歩目は前に出ることを意識」――鈴木
×
「一歩目が重要なのは、外野だけでなく内野も同じ」――立浪

立浪　16年は、外野でゴールデングラブ賞を受賞。守備センスの話も聞かせてもらえるかな。

鈴木　意識しているのは、一歩目ですね。一歩目をとにかく前に出ること。前に出て、詰まった打球を捕りにいく。後ろの打球は捕れたらいいんですけど、もし抜かれてしまった

としても、そこまで打たれたらピッチャーが……。

立浪　ピッチャーが悪い（笑）。

鈴木　そう思っています（笑）。なので、前に落ちる打球は全部捕る。詰まった当たりはピッチャーにとっては打ち取った打球ですし、バッターからすれば、これがヒットになるとものすごくラッキー。だからこそ、絶対捕りたいんです。

立浪　17年5月17日の横浜DeNA戦、9回表一死一、二塁からライト前方の打球に突っ込んだけど、後逸。2点を失うシーンがあったね。あのプレーは、どう振り返っている？

鈴木　スタートは完璧《かんぺき》で、絶対に捕れると思ったんですけどね。

立浪　こういった姿勢は、誰の教えになるのかな？

鈴木　外野守備・走塁コーチの河田《かわだ》（雄祐《ゆうすけ》）さん（元広島、西武）です。「一歩目を前に出られないと、外野手は終わりだ」と教えてもらっています。「ファウルの打球でも、必ず一歩前に出る。そのぐらいの集中力がなければいけないと思っています。

立浪　とても大事な意識。翌日のスポーツ新聞に、河田コーチの「俺はああいう教え方をしている。捕れると思ったら、突っ込めと。打球の切れ方とかは、誠也はまだ若いし、これから反省して成長してくれればいい」と載っていたね。これは外野手だけでなく、内野手も同じだけど、一歩目を早く切れる選手は守備がうまい。カープで言えば、代表的なの

高い身体能力が土台となり、打撃面・守備面の野球センスが完全に花開いた鈴木誠也選手。

は菊池涼介だよね。一歩目が早いから、あれだけ広い範囲を守ることができている。

鈴木 確かに早いですね！

立浪 送球へのこだわりはどう？

鈴木 送球は……、あまり細かいところを狙わずに、「だいたいここらへんにいけばいいかな」ぐらいの感じで投げていますね。

立浪 もともとはピッチャーだったんだよな？

鈴木 はい。プロに入って、内野になって、途中から外野です。

立浪 内野はクビになった？（笑）。

鈴木 はい、無理でした（笑）。3年目（15年）の初めまで内野でしたが、首脳陣に「一軍で試合に出たいなら、外野をやったほうがいい」と言われ、外野をやるようになりました。

立浪 俺も経験があるけど、内野から外野に行くと、精神的にはかなりラクでしょう？

鈴木 ラクですね。

立浪 外野は、おもにどんな練習をしてきたの？

鈴木 「打捕《だほ》」ですね。

立浪 フリーバッティングを捕ってきた？

鈴木 はい、ノックよりは、バッターが実際に打った球を数多く捕るようにしています。

立浪　外野手で、守備センスを感じる選手は誰かいる？

鈴木　そうですね、阪神の大和《やまと》さんですかね。うまいです。一歩目を切るのもすごく早い。「抜けた！」と思った打球でも、そこにいるんですよね。

立浪　確かにうまい。大和は内野もうまいし、守備センスが抜群。

鈴木　大和さんは送球も安定しています。内野手と外野手では求められる送球も違ってくると思うんですけど、そんな中で両方やっているのがすごいです。

これからの鈴木誠也論

「走塁面が伸びれば、トリプルスリーも狙える」――立浪

×

「3割30本100打点がまずは目標。苦手な盗塁のスタートも克服したい」――鈴木

立浪　17年のシーズン前、侍ジャパンとして、第4回WBCに出場したね。残念ながら準決勝で敗れたけど、世界の各国と戦ってみてどうだった？

鈴木　日本とはまた違う野球を感じましたね。

立浪　ピッチャーのボールが全然違う？

鈴木　スピードはそれほど感じなかったんですけど、重たいですね。当たったときに重さ

を感じます。あとは、体がでかいので、ピッチャーが近く見えてしまうんです。それだけで、いつもとは違う嫌な雰囲気がありました。

立浪　なるほど、それはあるかもしれんね。向こうの選手を見て、もっと体を大きくしなければと思ったりはしなかった？

鈴木　それはないです。僕があそこまで体を大きくしたら、動けなくなると思います。そこでは勝負しませんし、できないです。程良いバランスを保ち、鍛えていきたいですね。

立浪　すでにセンスを発揮している打撃、守備のほか、走塁面も加えて、注目したいな。これから走攻守すべてにおいて、まだまだ伸びていくと思うけど、将来的に目指している選手像を教えてもらえるかな。

鈴木　まず、数字としては、3割30本100打点です。

立浪　16年シーズンの成績を考えると、近いうちに達成できるでしょう？

鈴木　そうなると、いいんですけどね。

立浪　チャンスでの強さが光るけど、勝負強さはどこから来ていると思う？

鈴木　たぶん、あんまり考えていないからじゃないですかね（笑）。

立浪　チャンスだからって力《りき》んだりすることはない？

鈴木　ないですね。逆に言えば、ランナーがいないときのほうが苦手で、ランナーがいてくれたほうが、集中力は上がります。

立浪　あとは、それだけの脚力があるんだから、走塁・盗塁面も伸ばして、トリプルスリーも狙ってほしいな。16年は１２９試合出場で、盗塁成功が16、失敗が11。カープは積極的に走れるチームカラーだし、企図数《きとすう》も、もっと増やせるんじゃない？

鈴木　盗塁のスタートを切るのが、かなり苦手でして……。練習はけっこうしているんですけど、試合になると、なかなかいいスタートが切れません。

立浪　そこに自覚はある？

鈴木　あります……。ダメすぎますね（笑）。

立浪　プラスに考えれば、今後うまくなる。

鈴木　苦手なスタートを克服して、盗塁は増やしていきたいですね。

立浪　盗塁は、まずは走る意識がないと、うまくならないからね。これからは打撃、守備だけでなく、スタートのセンスにも注目するわ。さらなる進化に期待しているよ。

鈴木　はい、ありがとうございます！

第4章 投手・捕手センス解説&列伝～バッテリーの野球センス

球の速さは生まれ持った才能だが、後天的にも伸ばせる

前々章で打撃センス、前章で守備センスについて、話をさせていただいた。野手が三拍子揃《そろ》えたいうちの残りは走塁となるが、前章からのディフェンスつながりで、投手や捕手のセンス、またバッテリーのコンビとしてのセンスについて、先に解説しようと思う。

この両ポジションは私自身がプレーしておらず、実体験で語れる専門分野ではない。だが、仲間の投手・捕手を間近で見てきたし、相手バッテリーに対しても、攻略目線という形ではあるが、日々研究を重ねていた。解説者になってからも、試合の流れを決める投手・捕手には深く着目し、そうした経験から、彼らの持つ野球センスが見えた気がする。

では、投手から感じとれる野球センスとは、なにか？　体をしなやかに使って投じられる150キロを超す速球、針の穴を通すような絶妙なコントロール、直球・変化球の緩急《かんきゅう》や内外・高低を使った巧《たく》みな投球術などだろうか。やはり、巨体で力まかせに投げるパワー型より、細身・小柄ながらも質のいい快速球を投じたり、頭を使ったピッチングができる野球脳に秀《ひい》でたインテリジェンス型に、センスを感じる方が多いと思う。

また、フィールディングも重要で、実はこれがうまい投手にこそ、私自身はセンスを最

大に感じるが、詳細は後述したい。それとマルチな野球センスという考え方ならば、さらに、送りバントの確実性や、打撃・走塁など攻撃面でもいくらか貢献できる能力を持つ投手が当てはまる。私の現役時代なら、桑田真澄さんがこのタイプの代表格。ピッチング、フィールディングに長《た》けていたうえに、通算打率2割1分6厘、192安打、7本塁打、79打点。プロ入り時には野手転向をすすめる声もあったという。

　このようにピッチャーに関する様々な野球センスがあるわけだが、中でも読者の方が気になるのは、やはり、速い球を投げるセンスではないか。とくに年齢の若いプレーヤーなら、少しでも球速を高めたいと考えているはず。

　こうした速い球を投げることは、生まれ持った才能と表現されることが多い。だが、個人的には、150キロ以上のスピードであれば先天的かもしれないが、140キロ以上なら現代の進化したトレーニングを重ねていけば不可能な数字ではないと考えている。高校生の甲子園大会を見ていると、エースは140キロを投げるのが当たり前。私が高校生のころは、140キロを超えれば、騒がれた時代だった。体格が大きくなり、投手の球速が上がってきていることを感じるが、トレーニングによる成果もかなりあるはずだ。

　速球派投手に感じるのは、地肩と背筋の強さだ。おそらく背筋が強い選手は地肩も強いのではないか。松坂大輔投手（福岡ソフトバンク）は、小学生のときに剣道をやっていて、竹刀《しない》を振り下ろすことで背筋が強くなったと聞く。昔であれば薪《まき》を割るために斧《おの》を振り下ろすといった類《たぐい》だが、さすがに今そのような経験をしている選手はいないだろう。体の後ろ側は「アクセル筋」で、前側は「ブレーキ筋」との言い方があるらしいが、背筋を中心とした後ろ側の筋肉を鍛えることで、球速を手に入れられるのかもしれない。

現役時代、数多くの投手と対戦したが、球速表示の数字どおりに「速い！」と感じたのはマーク・クルーン投手（元横浜、巨人など）だ。とてつもなく速く感じ、リリースの瞬間には打つか打たないかの判断をしなければ、到底間に合わなかった。

球速表示以上のスピードを感じたのは、福岡ソフトバンク時代に戦った杉内俊哉投手（現巨人）だ。タイミングのとりづらさについては37ページで触れたが、その延長として、球自体にも幻惑された。初めて打席から見たときの印象は、「なに、これ？」。手元での伸びが、ほかのピッチャーとはまったく違った。でも、球速表示を見ると「137キロ」。よけいに「なに？」と思ったものだ。リリースポイントが打者寄りで、バックスピンの回転数が多いピッチャーは、杉内投手のような直球を投げていると推測できる。千葉ロッテの涌井秀章《わくいひであき》投手や石川歩《あゆむ》投手、また、杉内投手のかつての同僚・和田毅《つよし》投手（福岡ソフトバンク）らも、この手のタイプかもしれない。球速表示以上の直球を投げるのも、投手センスだ。

野球少年には体の後ろ側を鍛えることに加え、遠投をおすすめしたい。遠くに投げたいと思えば、自然に全身を使う。これが速い球を投げるフォームにつながるからだ。

ただ、小・中学生期に平均より速い球を投げていると、心配なのがヒジや肩を痛めるリスク。大人の体になりきらないうちに、関節に強い負荷がかかると、障害を引き起こす可能性もある。指導者には、球数やイニング、疲労度を考慮したうえでの起用を考えてほしい。

同じ腕の振りで投げてこそ、意味のある変化球

最近のピッチャーは、球種が豊富だ。私が若いころはストレート（いわゆるフォーシーム）、カーブ、スライダーが主流で、フォークを操《あやつ》るピッチャーは1球団に1人いるかいないかのレベルだった。それが今はツーシーム、ワンシーム、チェンジアップ、スプリット、カットボールなど、様々な球種を当たり前のように投げる時代になった。

でも、球種が多ければいいというものでもない。打者視点から話をすると、「打ちにくい変化球＝ストレートと同じ腕の振り」という結論に至る。例えば、カーブを投げるときに腕がゆるんだり、スライダーのときにヒジが下がるような投手は、一軍で長く活躍できない。腕の振りが少し変わっただけで、一軍の打者は対応するからだ。腕の振りのゆるみを感じたら、「カーブだな」と一瞬に感じとり、攻略する力を持っている。

だから、「変化球センス」との言葉があるとすれば、「どれだけ直球と同じ腕の振りで投げられるか」だ。今のプロ球界で「変化球の使い手」と言えば、金子千尋《ちひろ》投手（オリックス・バファローズ）の名前が浮かぶが、あれだけ多彩な球種を同じ腕の振りで投じている。右ヒジ手術前の2013年に15勝、14年に16勝と数字を残せた要因は、ここに尽きる。

もう1つ、打者が打ちにくいと感じるのは、体に食い込む変化球だ。左打者の私にとっては、45～46ページでもお話ししたように、右投手のカットボールや左投手のシュートとなる。とくにスピードの速いカットボールは、打者の手元で小さく速く曲がるため、対応が難しい。メジャーリーグで流行しているハードシンカーは変化球でありながら150キロ近い球速を記録し、右対右の対決では打者にとってやっかいな球種だ。日本人が投げるツーシームとは、また違った威力とキレがある。変化球のセンスを極めたければ、「腕の振り、プラス体に食い込む変化球」の習得を意識し、練習に取り組むべきだ。ただし、変化球の握りやリリース感覚は人それぞれ。ダルビッシュ有投手（17年途中、テキサス・レンジャーズから、ロサンジェルス・ドジャースへ移籍）のスライダーの握りをマネしても、同じ軌道のスライダーを投げられるわけではない。

プロ野球のピッチャーを見ていると、普段のキャッチボールの中で遊びながら新球種を練習していることが多い。そこでいろいろな握りを試し、うまくいきそうな手ごたえをつかんだら、ブルペンでの試投に入る。いきなり、公式戦で試すことはまずない。アマチュア投手の方々も、リリース感覚をつかむまで、ぜひとも練習で投げ込んでほしい。

コントロールや投球術のセンスを伸ばす方法

球の速さなどより、コントロールの良さこそ、投手のセンスとも言える。細かい制球力を身につけるのは難しい。「コントロールがいい」投手は当初から優れた制球力を持ち、荒れ球の投手がプロ入り後に制球力が急に上がる事例は少ない。そういう意味で、中日・吉見一起《かずき》投手は、絶対的な制球力の持ち主だ。少年期から壁に書いた「的」を狙《ねら》っての「壁当て」を繰り返したという。狙うことでリリースポイントが安定し、制球につながったのだ。

また、コントロールにも、様々な種類がある。ストライクはいつでも投げられるのが大前提としてのボールゾーンの精度。ストライクからボールにする変化球、内角を意識づけるための懐《ふところ》への直球、追い込んでからの高めの釣り球など、ボールゾーンをうまく使えれば、ストライクゾーンをより広く使える。投手という生き物はどうしてもストライクを欲しがるが、打者側はストライクゾーンならば、なんとか対応できる。空振り三振は、ボールになる変化球や高めの釣り球を振っているケースも多い。そもそも、「ボールゾーン＝

ストライクゾーン、ボールゾーンの活用法

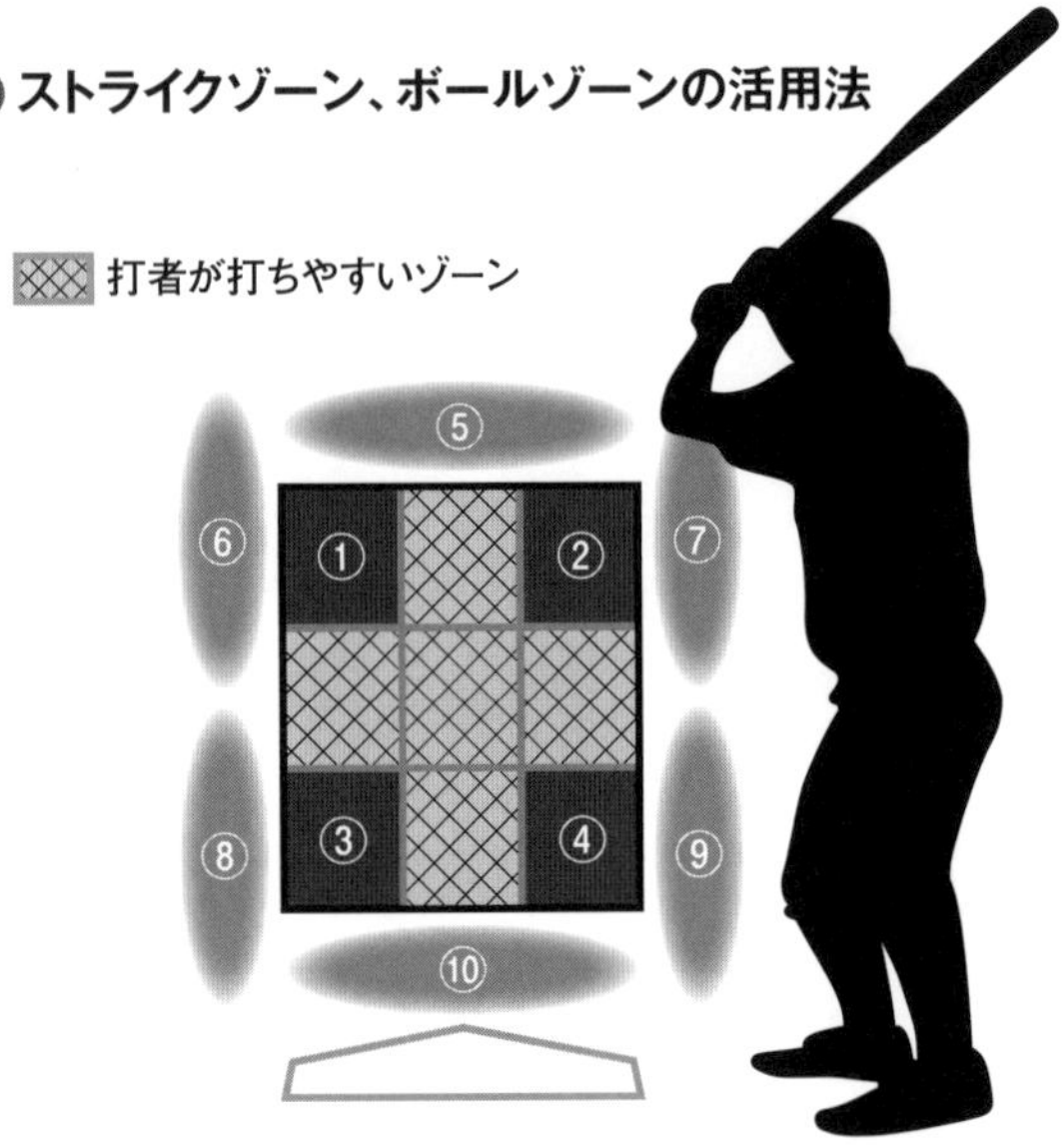

ストライクゾーン

①打者の目線を上げる効果あり。次の低めの球で打ち取るための布石にもなる。
②苦手にする打者が多いコース。威力のある球で、ポップフライを打たせたい。
③アウトローは投球の基本。ここに正確に投げ込めれば、投手有利に運べる。
④際どいところに投げられれば、打たれたとしても詰まった内野ゴロとなる。

ボールゾーン

⑤高めの釣り球として使う。速いストレートが持ち球なら空振りを狙える。
⑥振ってくれたらもうけもの、といった感じのゾーン。遊び球としても使う。
⑦ストライクゾーンの②よりも、さらに体に近いところで恐怖感を与えるコース。
⑧外に逃げるスライダーは、このゾーンにしっかりコントロールしたい。
⑨ヒザ元への厳しいボール。腰を引かせられれば、次の外角球で勝負できる。
⑩落ちる変化球があれば、このゾーンにウイニングショットとして決めたい。

バッテリー間でしっかりと意思の疎通《そつう》を図り、各ゾーンを有効に使って打者を攻略しよう。

打ちにくいゾーン」であり、ボールゾーンの制球力を磨けば、勝てる投手に近づく。

子どものうちに取り組んでほしいのは、吉見投手に関する話で紹介したように、なにかの目標物を「狙って投げる」こと。例えば、壁にストライクゾーンに見立てた長方形の的を描《か》くのもいい。ボールが高めに抜けた場合、次にストライクを投げるにはどうしたらいいか考えるだろう。思考・修正することで、理にかなった投げ方が身につく。

こうしたコントロールに加え、速球・変化球のコンビネーションなども磨きたい。緩急のある、頭を使った投球術をマスターできれば、ピッチング面のセンスはほぼ完璧《かんぺき》だろう。

ピッチャーのセンスは、守備を見ればわかる

本章最初の項でお話ししたように、私は「投手のフィールディングにこそ、野球センスが見える」と感じている。速い球を投げられたり、投球術に長けていても、フィールディングがお粗末では相手側から「つけいる隙《すき》がある」と見られ、勝てる投手になれない。

前田健太投手（ドジャース）、田中将大《まさひろ》投手（ヤンキース）、前述の涌井秀章投手ら、毎年のように2ケタ勝利を挙げるピッチャーは守備力も優れていることが多い。私の現役時なら、先ほど触れた桑田真澄さんや、同じく元巨人の斎藤雅樹さん（現同投手コーチ）、

一時同僚の西本聖《たかし》さん（元巨人、中日など）も抜群のうまさを持っていた。みな、打撃センスもあり、野手としても十分に活躍できたのではないか。

「投手は9人目の野手」と言われるように、手からボールが離れた瞬間、野手になる。自らの守備でピッチングを助けることもあれば、逆に足を引っ張ることもある。

なぜ、守備に苦しむのか。理由は、捕ることよりも投げることにあるピッチャーが多い。マウンドから投じるのは「投球」だが、野手が投じるのは「送球」。ここに大きな違いがある。

投球はマウンドから自分のペースで投げるため、しっかりと縫《ぬ》い目にかけられる。でも、打球を捕ったあとの送球は、縫い目にかかっていなくても、各塁に投げなければいけない。だから、すっぽ抜けたり、叩《たた》きつける悪送球が生まれる。投球はできても、送球が苦手な投手が多い。また、ピッチングのときは足をゆっくり上げてから投げられるが、野手になると時間的な余裕はない。小さなステップで、素早い送球が要求される。「ボールを投げる」という動作は同じでも、中身は似て非なるもの。だからこそ、このような野手的な動きを華麗にこなしている投手に、高い野球センスを感じるのだ。

失礼な話ではあるが、助っ人外国人投手の守備には、「投手としての力はあるけれど……」と感じることが多い。いい意味でも悪い意味でも、マウンド上の投球に専念している。

読者にも、「守備が苦手」な投手もいるだろう。長く内野手をやってきた私から見ると、

投手としてはもちろん、メジャーで本塁打を放つなど打撃センスも高い前田健太投手。

野球センスに優れた投手はフットワークを使える。「足を使って捕り、足を使って投げる」基本動作は、内野手でも9人目の野手の投手でも変わらない、重要な共通ポイントだ。

今日からでも意識できるコツは、野手同様、投げたい方向に軸足（右投げなら右足）の内側のくるぶしを向け、そのあと、前足（左足）をしっかりとステップすること。三塁側のセーフティーバントに対して、気持ちばかりが焦《あせ》ると、ステップしないうちに投げる場合がある。悪送球で打者走者が二塁まで進む恐れもあり、一気にピンチとなってしまう。

加えて、サイドスローやスナップスローでもコントロール良く投げられる技術が必要になる。例えば、ランナー二塁での送りバントで三塁でのアウトを狙うときは、上からではなく横から送球したほうが素早く投げられる。しかし、いつもオーバースローで投げている投手はこのようなスローイングが苦手で、練習量も不足している。上からでも横からでも投げられるように、スローイングのバリエーションを増やしてみよう。

キャッチャーに絶対必要なセンスは、握り替えのスピード

ここからは、ピッチャーの球を受けるキャッチャーのセンスを解説したい。以前は、達《たつ》川光男《かわみつお》さん（元広島・同監督、現福岡ソフトバンクヘッドコーチ）や古田敦也さんのよう

に不動のレギュラー捕手がいたが、今は投手との相性や打撃の調子などを考慮し、複数の捕手を併用《へいよう》するチームが多い。それだけ、一人前に育つには時間がかかるポジションだ。

まず、盗塁を刺せる肩と、ワンバウンドを後ろにそらさない「ストッピング」の技術が絶対条件。肩は投手同様に地肩や背筋の強さが関わるが、送球の技術として求められるのが握り替えの素早さだ。この技術で、高い盗塁阻止率を誇ったのが谷繁元信選手。ポケットが深いミットを使っていながらも、瞬時の握り替えのスピードがずば抜けており、幾度《いくど》となく盗塁を刺した。谷繁選手が練習と経験で培《つちか》ってきた、卓越《たくえつ》したセンスだ。おそらく、ほかの捕手ではそのミットを使いこなせないだろう。普通は握り替えを素早くできるようにしたければ、二塁手用のグラブのようにポケットを浅くするが、谷繁選手は「投手の球をしっかり捕りたい」という理由から、深いポケットを採用していた。

ワンバウンドストップがうまい捕手は、腰を浮かせずにベタッと座ったままの状態を維持して、構えに力《りき》みがない。ボールが跳《は》ねるのを怖《こわ》がったり、体で無理に止めようとすると腰が浮き、後ろや横にそらすこともある。前著『二遊間の極意』で井端弘和現巨人内野守備・走塁コーチと対談した際、捕手の防具について、「うちの小林（誠司《せいじ》）がテンピュール素材のプロテクターを使ったら、ワンバウンドを急にはじかなくなった」というような話を聞いた。確かに、小林選手はほかの捕手とは違う形状・素材のプロテクターを使っている。テンピュール素材は、ボールの力を吸収し、反発を抑えてくれる効果があるようだ。自分の技術に合ったプロテクターを追い求めることも、捕手の大事なセンスだ。

捕手での経験がものを言う配球

キャッチャーの配球面のセンスは、どうやって高められるのかというと、数多くの試合経験を積むしかない。自らの配球ミスで負けたとき、次に生かせるかで、捕手人生は変わる。

打者の立場からすると、捕手にじろじろと見られるのは嫌《いや》なもの。思い出すのは、元広島の西山秀二《しゅうじ》さん。ステップした前足（左打者である私の場合は右足）を見ているのだ。達川光男さんもよく見ていた。そんな視線は、目が合わなくても感じる。だから、内角を狙っているのに、わざと前足を踏み込んで見逃したり、こちらも様々な駆け引きをした。

私は捕手経験がないので、捕手の視界はわからないが、打者の前足のステップがいちばん見やすいのだろう。ボールの捕球動作の中、目の端《はし》の周辺視野で前足の動きをとらえておく。ボールだけに集中したら、前足を見られないはずだ。

配球は、評価をするのが難しい。結果論的なところもあり、抑えればＯＫで、打たれると責められる。ただ、打たれたときは、投手のコントロールミスであることも多い。そのような中で、捕手が避けたいのは、直球に差し込まれている打者に対して、安易に変化球で勝負にいくこと。スピードが遅い変化球とのタイミングが合い、痛打される。変化球を混ぜたければ、ボール球にしておき、最後にもう一度、直球で勝負する。遅い球をはさんでおけば、より直球に詰まるはずだ。

また、自分が打者として苦手な球種・コースを、自軍の投手に要求してしまう捕手もいる。変化球で打ち取られることが多いと、つい同様に変化球を要求。相手の打者を見ず、自分の尺度で物事を考えるのは、経験が浅い、若い捕手に見られがちだ。

バッテリーとしてのセンスを、いかに高めるか?

ピッチャー・キャッチャーの個々ではなく、バッテリーとしてのセンスについても考えたい。これは、投手と捕手が、より高い能力を相互に引き出し、そのコンビだからこその機能を発揮するセンスと言える。投げるのは投手だが、配球を考えてサインを出し、球を受けるのは捕手。首脳陣が起用するコンビを決めるとはいえ、実戦の中では、バッテリー2人が、試合をしっかりと組み立てないことには始まらないのが野球だ。

捕手ごとに配球のクセやキャッチングのスタイルが違うため、相性次第で、投手から引き出される能力は変わる。視点を逆にすれば、捕手も同じ。投手の持ち球・投球スタイルによって、捕手側の持ち味や描く戦略の、相手打線への効力レベルは変動する。お互いの能力をいかに引き出せるか、また、その相棒をチーム内から見つけ出し、結果に結びつけられるかは、投手、捕手双方にとって重要だ。普段は控えの捕手が、ある先発投手のときだけ相方に起用されることがあるが、その場合、バッテリーセンスが高く機能していると見ていい。

牽制《けんせい》センスに優れた西本聖さん、打たせたいところに打たせた武田一浩《かずひろ》さん

センスある幾多《いくた》の名投手たちから、私が印象に残るプレーヤーを列伝形式で紹介したい。現役時代、一緒に試合をする中で驚かされたピッチャーがいる。その1人が、西本聖さんだ。右打者の懐をえぐるシュートを武器に巨人で活躍したのち、中日に移籍した年（1989年）に20勝。自身初の最多勝に輝いた。驚いたのは、牽制《けんせい》のうまさだ。走者二塁のとき、自らブロックサインで「牽制球、放《ほう》るぞ」という合図を送る。そして、実際に刺す。

牽制のサインを自分で出す投手は、あとにも先にも西本さんしか知らない。「フィールディングにこそ、センスが見える」という話のつながりでいけば、牽制もセンスの1つだ。投球以外に、どれだけ気を配れるかが大切だが、牽制球を投げたがらない投手も多い。

理由は、打者に集中したいため。牽制球を放ると、集中が途切れてしまうのだ。

そんな中、現役で牽制センスを感じるのは、千葉ロッテの涌井秀章投手やオリックスの西勇輝《ゆうき》投手。2人の一塁牽制のときのターンの素早さはトップクラス。あれだけのスピードで牽制を投げられると、走者はなかなかリードをとれない。

もう1人、元チームメイトの話だが、「打たせたいところに打たせるセンス」を感じたのが武田一浩《かずひろ》さん（元日本ハムファイターズ、中日など）。武器のカットボールを左打者のヒザ元に投げ、一、二塁間に打たせるのが得意だった。個人的には、日本で最初にカットボールを流行《はや》らせたのは武田さんだと思っている。今はNHKでメジャーリーグの解説をされているが、当時からメジャーに興味を持ち、そこからカットボールを取り入れたと聞く。

一死一塁や、一死一、二塁で左の強打者を迎え、バントがない場面なら、セカンドは二塁ベース寄りに守るのがセオリー。そうでないと、併殺《へいさつ》を取れないからだ。でも、武田さんは自ら「一、二塁間に守ってくれ」と指示し、ライト前に抜かれないシフトを敷いた。内角にカットボールを投げれば、一、二塁間に飛ぶことが計算できていたのだ。

「ここに投げたら、ここにボールが飛ぶ」という映像がクリアに見えたら、打者を抑える確率は高まる。これも、勝つためには必要な野球センスだが、自らの考えで守備位置のリクエストを出す現役投手など、おそらくいない。ほぼ守備コーチにお任せだ。コーチらも膨大《ぼうだい》なデータから、守るべき位置を決めると思うが、「そこに打たせるから、少し右に守ってくれ」という異能センスの持ち主・武田さんのような投手がいてもいいと思う。

試合をメイクするセンスを持った岩隈《いわくま》久志、ダルビッシュ有、田中将大、前田健太

日本人投手が、メジャーで活躍するのが当たり前になった。野茂英雄《のもひでお》投手（元近鉄、ドジャースなど）が切り拓《ひら》いた道を後輩がしっかりと歩み、その道をさらに広げている。

メジャーで結果を残す投手から感じるのは、試合を作る投球センス。アメリカでは、先発投手が6イニング以上を投げ、かつ自責点3点以内に抑えたときに、「クオリティ・スタート（QS）」が記録される。この指標からもわかるように、試合を作ることへの評価が高い。0点で抑えるのが理想だが、屈強《くっきょう》な打者相手では、現実には難しい。ビッグイニングを作らせずに、6回3失点でまとめることができれば、一定の評価を得られる。

マリナーズの岩隈《いわくま》久志投手は6年間、17年途中にレンジャーズからドジャースに移籍したダルビッシュ有投手は故障による離脱を除くと4年間、ヤンキース・田中将大投手は3年間にわたり、先発ローテーションをほぼ守っている。ドジャースの前田健太投手はメジャー2年目の17年はリリーフに回ったりもしたが、本来は先発の役目をしっかりこなすタイプだ。

ローテーションを守るには、試合を作るセンスに長けていること。ヒットを打たれようが、過去と割りきり、表情を変えずに、目の前の打者に集中できる能力だ。

技術的な面で言えば、頼れる球種が多いのが特長。例えば、田中投手の場合、武器であるスプリットの落ちが悪いと思えば、ツーシームやスライダーに切り替えられる。そうして投げていくうちに、中盤からスプリットの調子が戻ることもある。

持ち球こそ多いが、それが勝負どころで投げられるか、疑問符が浮かぶ投手も多い。本当に頼れる球種が1つだと、調子が悪いときにはずるずると打ち込まれ、試合を壊してしまう。信頼できる球種を磨き、いくつも自分のものにすることが、試合を作るセンスにつながる。

なお田中・前田両投手らは、先発でのゲームメイク能力に加え、前述のように、フィールディングや打撃の才能も豊か。総合的な野球センスを持ち合わせている点も、評価したい。

直球と変化球の投げ方が変わらない菅野智之《すがのともゆき》、金子千尋

17年、開幕から好調なのが、巨人・菅野智之《すがのともゆき》投手とオリックス・金子千尋投手だ。菅野投手は4月から5月にかけて3試合連続完封という離れ業《わざ》を演じ、金子投手も本来のピッチングが戻ってきている。2人に共通するのは、直球と変化球で投げ方がほぼ変わらなく

見せるセンス。スライダーを投げるときにヒジが下がったり、チェンジアップを投げるときに腕がゆるまない。完璧に実践するのは簡単ではなく、これこそ2人の投球センスの証《あかし》。球種の多い2人が、すべて同じ腕の振りで投げてきたら、打者は対処できない。

菅野投手は年々、直球のキレが増している。自主トレで指先を重点的に鍛えているという報道があったが、その成果だろうか。打者の手元で伸び上がる軌道は、全盛期の阪神・藤川球児投手のようなキレ。17年のWBCでも、菅野投手のフォーシームがアメリカ打線に通用することを証明した。大会後、「動くボールが打てないので、対策が必要」とされたが、アメリカ側は、日本人投手のフォーシームの直球に苦戦。メジャーリーグはツーシームが主流で、スピン量の多いフォーシームは見慣れていない。フォーシームこそ、日本の素晴らしき武器で、世界に通用する球種。これがあると、ほかの球種も生きるので、若い投手には追い求めてほしい。「ピッチングの基本はストレート」という言葉があるが、打者はストレートに怖さを感じなければ、直球を捨て、変化球に狙いを定められる。追い込まれても、「この直球ならカットできる」と、心理的な余裕も与えてしまう。

金子投手は球種の圧倒的な豊富さ・質の高さを誇る。ストレート、チェンジアップ、カーブ、スライダー(斜め変化と横変化)、カットボール、スプリット、シュート、パワーシンカー、ツーシーム……これらを巧みな投球術で操る。ぜひ、153ページからの対談もご覧いただきたい。

キレのある直球を武器に、自軍だけでなくWBCでもエースとして君臨した菅野智之投手。

――センスも見せる「剛《ごう》」の大谷翔平・千賀《せんが》滉大《こうだい》、「柔《じゅう》」の牧田和久

今すぐメジャーリーグに行っても通用すると思えるのが、北海道日本ハムの大谷翔平投手と、福岡ソフトバンクの千賀《せんが》滉大《こうだい》投手だ。いずれも、150キロを超えるストレートを投げ、ウイニングショットの変化球も持つ。体格に恵まれ、スケールの大きさも感じる。2人とも高い奪三振率を誇り、16年の大谷投手は11・19。先発投手としては、驚異的な数字だ。千賀投手も、投球回169回を上回る181三振を奪い取った。

直球とフォークのコンビネーションだけでもハイレベルなのに、2人にはカウントを取れるスライダーがあり、打者の迷いを生む。頼れる球種が多いことは、前述したように投手にプラスの効果をもたらす。もし私なら、相手投手のスライダーの制球が悪ければ、直球かフォークの二択で勝負に出る。それぐらい割りきらなければ、打てないレベルだ。

おそらく、フォークを好きな打者などいないだろう。人間の二つの目は左右、横についていて、バットも基本的には横にスイングするため、縦に落ちる変化球は相性が悪い。とっさの反応でフォークの落ち際を拾えるときがあるが、試合前の打撃でそんな練習をする選手は、ほぼいない。打者からすれば、フォークを打てるのも1つのセンスと言えるのだ。

大谷投手と千賀投手の直球は力強い「剛」タイプだが、投げ方としては大きな体や長い腕をしなやかにうまく使い、投手センスを十二分に感じさせてくれている。

一方、「柔」のセンスが、アンダースローの牧田和久投手だ。13年と17年のWBCでの好投で、牧田投手のすごさがクローズアップされた。彼のポスターに「絶滅危惧種《ぜつめつきぐしゅ》。世界最高峰のアンダースロー、見られます」というフレーズがあるが、まさにそのとおりで、世界中を見ても、現在、牧田投手のような投球術を誇るアンダースローはいないのではないか。

牧田投手に投球センスをとくに感じるのは、タイミングのずらし方。緩急だけでなく、投球フォームでもずらしている。前足を着くタイミングを早くしたり、クイックのように投げたり。打者はタイミングがとれなくなる。第2章で述べたように、「バッティングはタイミングがすべて」と言っていいぐらい、大きな比重を占めている。これを崩《くず》す技術こそ、牧田投手のいちばんのセンスと言って間違いないだろう。

圧倒的な腕の振りが際立つ則本昂大と菊池雄星《ゆうせい》

17年、開幕から圧倒的な存在感を見せているのが、則本昂大投手（東北楽天）だ。8試合連続2ケタ奪三振という日本記録を樹立。日本が世界に誇った「ドクターK」、あの野茂英雄投手の記録（6試合連続。91年、近鉄時代）を抜く大偉業を成しとげた。則本投手があれだけの三振を奪えるのは、腕の振りの強さにある。腕を振るセンスに優れているとでも言うべきだろうか。ストレート、スライダー、フォークのどれを投げても、腕がゆるむことがなく、ストレートと同じ感覚で振ることができている。

7試合連続の新記録を打ち立てた17年6月1日の巨人戦、10個目の三振は坂本勇人選手から奪ったもの。追い込んでから、低めに落ちるフォークボールだったが、坂本選手からするとストレートだと思って振りにいっていたのではないだろうか。「投げっぷりがいい」という表現があるが、まさに則本投手にぴったりの言葉だ。

菊池雄星《ゆうせい》投手（埼玉西武）にも同様のことが言える。15年あたりまでは腕を振ると、ストレートが暴れる傾向にあったが、腕をしっかりと振る中でもコントロールが利くようになってきた。スライダーのキレも増している。おそらく、トレーニングを重ねていくことで「ぶれない体幹《たいかん》」を手に入れることができたのではないか。150キロ台中盤のストレートを、内外角にズバッと決められたら、打者はそうは打てないものだ。

それにしても、最近のピッチャーを見ていると、150キロを超えるのが当たり前のレベルになってきた。私が現役のころは球界でも数えるほどしかいなかったように記憶しているが、今は「1球団に何人かいるのでは？」と思うほどの多さだ。様々なトレーニングが世に出てくるようになり、効率的に体を鍛えていることが関係しているのかもしれない。

ただし、速いストレートだけでは一軍で勝ち続けることはできない。菅野投手、金子投手の項でも触れたが、直球も変化球も同じ腕の振りで投じ、コントロール良く投げ抜けるかが大きなポイントになる。それこそ、勝つためのピッチングセンスと言っていい。

ストレートが力強い剛球タイプに見えていても、結果を出している投手には、そうしたなにかしらのきめ細やかなセンスも備わっているものなのだ。

今も超えるキャッチャーがいない古田敦也さん、谷繁元信の存在

この章の最後は、ピッチャーを巧みにリードする、センスあふれるキャッチャーの列伝だ。とはいえ、手厳しい言い方にはなるが、今はシーズン通して戦える圧倒的なレギュラー捕手が、12球団を見渡して誰もいない状態。列伝で取り上げるなら、まずはやはり、同じ時代をともに戦い、本書ですでに高く評価してきた古田敦也さんと谷繁元信選手ということになる。2人とも配球、肩、ワンバウンドストップ、バント処理と、守備面のすべてにおいて一流のセンスを持つ、歴代最高クラスのキャッチャー。ともに、捕手能力を自らの打撃の読みにも生かし、2000本安打を達成した名球会の会員でもある。

古田さんのリードで私が思い出すのが、シュートを武器にしていたジェイソン・ハッカミー投手との対決だ。同投手は、99～00年の在籍2年間で20勝を挙げた左腕。とにかくしつこいぐらいに徹底して左打者の私の内角を攻め、ファウルを打たされた記憶がある。そろそろ外角だろうと踏み込んでも、また内角。このあたりの駆け引きがうまかった。

古田さんは「配球がうまい」と言われることが多いが、対戦したバッターの側からすると、「インコースの意識づけがうまい」と言い替えることができる。試合の序盤、3連戦の初戦などに、どんどんインコースを攻めてくる。人間は体に近いところを攻められると、どうしても残像が脳裏に刻まれ、次の対戦で投じられるアウトコースが遠く感じてしまうのだ。インコースを使うセンスは、抜群にうまかった。

さらに、「古田さんは配球がうまい。どうやって攻めてくるのだろう」と思ってしまうと、もうその時点でバッターの負け。打席に入る前からあれこれ考えてしまい、甘いカウント球を簡単に見逃してしまう。こう思わせるのも、古田さんの力があってこそだ。

谷繁選手は137ページなどで解説したとおり、握り替えのセンスに優れ、若手が必死にマネをしようとしていたが、なかなかできなかった。肩が強い捕手は今後いくらでも出てくるだろうが、あの握り替えだけは「野球特許」に指定したくなるぐらい、特別なもの。谷繁選手の存在が大きくて、その後の中日は、捕手に苦労することになってしまった。

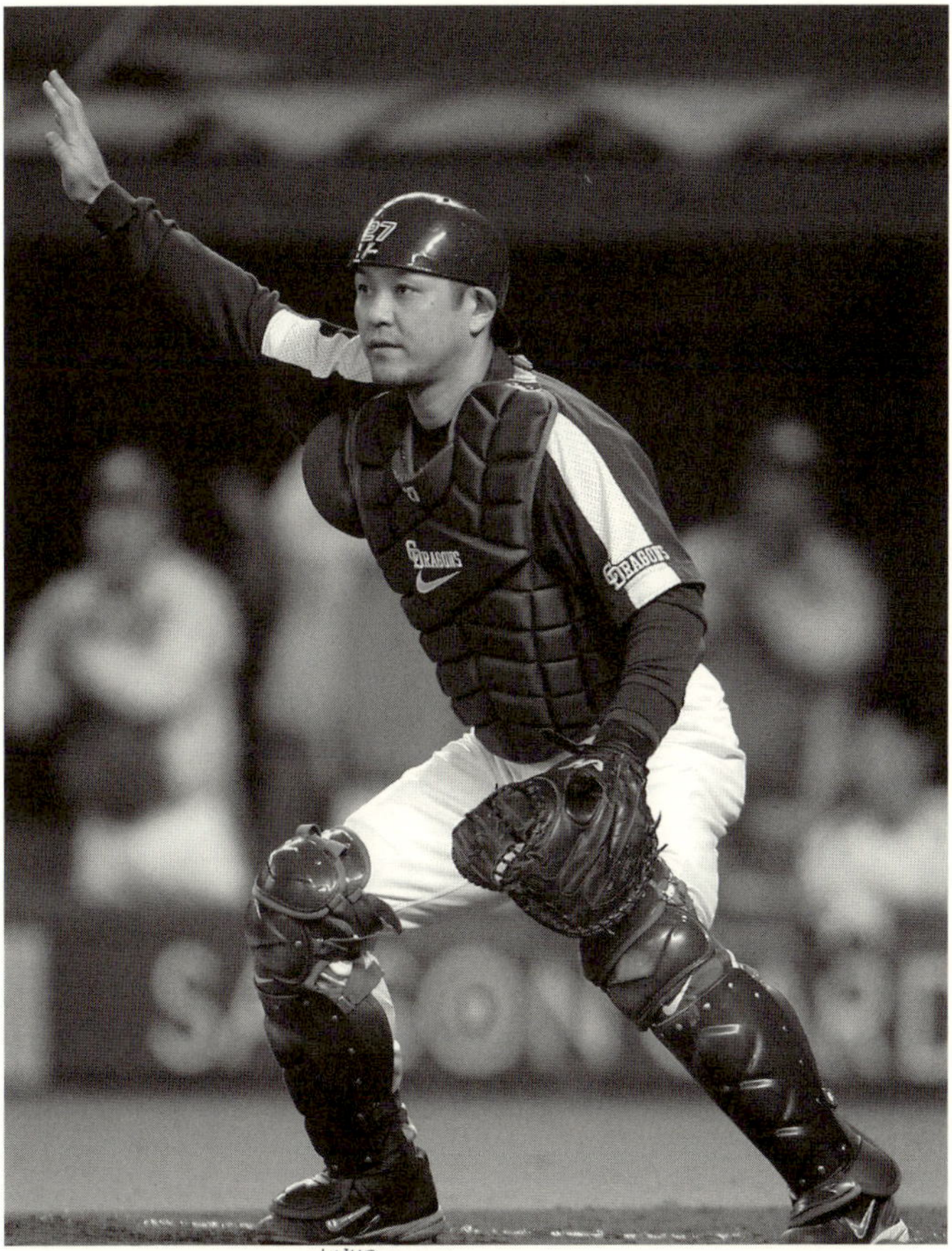

握り替えなどの捕手センスが秀逸《しゅういつ》な谷繁元信選手。3021試合出場の日本記録も持つ。

嶋基宏《もとひろ》、小林誠司、炭谷銀仁朗《すみたにぎんじろう》、會澤翼《あいざわつばさ》、甲斐拓也《かいたくや》…現役捕手のセンスと課題

近年、ある程度の実績を残している現役捕手のセンス部分と課題にも触れたい。一長一短の捕手が多い中で、東北楽天の嶋基宏《もとひろ》選手は、リーダーシップに優れたキャプテン型。監督の考えをしっかり把握し、ゲームをコントロールできる頭脳面のセンスを持つ。ただ、近年、故障がちなのが気になる。17年のWBCで大活躍を見せた巨人・小林誠司選手は、盗塁を刺せる肩が売りだが、課題は配球面のセンス。直球に差し込まれている打者にわざわざ遅い変化球を投げて痛打されるなど、違和感を覚える配球も見受けられる。これは炭《すみ》谷銀仁朗《たにぎんじろう》選手（埼玉西武）にも言えて、肩はいいが、配球面に課題が残る。広島の會澤翼《あいざわつばさ》選手は絶対的な正捕手とまではいかないが、思いきりのいい打撃で、チームの勝利に貢献。ベテランの石原慶幸《よしゆき》選手の配球を間近で勉強しながら、守備面の捕手センスを磨いてほしい。そんな中、17年に彗星《すいせい》のごとく現れたのが、福岡ソフトバンクの甲斐拓也《かいたくや》選手だ。10年オフに育成ドラフト6位で指名され、7年目。捕ってからの素早さと地肩の強さが魅力で、高い盗塁阻止率を誇る。打撃と配球はまだまだ経験が必要だが、今後どう育つか楽しみだ。これから、侍ジャパンの正捕手は誰になるのか。高いレベルでの争いを期待したい。

特別対談 Part2

金子千尋 × 立浪和義

投手センス・バッテリーセンス論

「金子流」コントロールセンスの磨き方

「見ていて、ボールを放すセンスに優れていると思うよ」——立浪
×
「キャッチボールは、横や下から、変化球と、いろんな投げ方をします」——金子

立浪　忙しい中、ありがとう。
金子　いえ、こちらこそ、声をかけていただき、ありがとうございます。
立浪　お願いしたいテーマは、ピッチングセンス！　広く言えば、投手にとって重要な野球センスや、捕手も含めたバッテリーのセンスなどもテーマにして語ってもらいたい。
金子　僕で大丈夫でしょうか……？
立浪　もちろん！　ピッチングセンスと言えば、現役では金子投手が屈指《くっし》の存在だと思う。
金子　ピッチングセンスですか、難しいですね。体や腕をうまく使って速い球を投げるのも1つのセンスでしょうし、キレのいい変化球を投げられるのもセンス。教えられなくても自然に身についていることもセンス……。そう考えると、すべてセンスですね（笑）。
立浪　そのすべてのセンスを持っているんじゃない？
金子　いえ、僕はピッチングセンスや野球センスを持っていると思ったことがないんです。

あえて言うのであれば、人と違うことを考えて、それを実行に移せることでしょうか。そういう部分で、センスが磨かれた面はあるかもしれません。

立浪　なるほど、考えるセンスがあったと。

金子　性格上、「常識」にとらわれたくないというか、人と同じ考えでいるのが、嫌《いや》なんです。それはプロの世界に入ってから感じたことで、まわりにすごい選手がいっぱいいたので、同じことをやっていたら勝てないと思いました。

立浪　今日は、ぜひそのあたりに関係した話や思考法を聞かせてもらいたい。あと、みんなが知りたがる「金子流」投球術や、さっき言ったいろいろなセンスについてもね。

金子　わかりました。

立浪　まず、投げているところを見て感じるのは、コントロールのセンス。ストレートも変化球もコントロールがいい。見ていて、ボールを放すセンスに優れていると思うよ。このセンスは、教わってもなかなかできるものじゃない。これはどうやって磨いてきたの？

金子　アマチュアのころは、その辺のセンスはあんまりなかったと思います。自分でボールを投げる感覚を磨くようになったのは、プロに入ってからです。例えば、「フォームを固める」とよく言いますけど、僕の中にはあんまりその感覚がなくて、キャッチボールのときからいろんな投げ方で投げています。

立浪　それは面白い、初めて聞いた。

金子　横から投げたり、下から投げたり、いろいろやっています（下写真）。変化球も、今でもいろんな握りや投げ方を試しています。

立浪　それで、もともとのフォームが崩《くず》れたりしない？

金子　自分で言うのもおかしいですけど、すでにこれというフォームがあるので、そこは心配していません。

立浪　フォームがしっかりしているからできることかもしれないね。ブルペンでは、どんな意識で投げている？

金子　まず、ブルペンには試合の日しか入りません。登板がない日はキャッチボールをやるだけです。1人のピッチャーが一生に投げられる球数は決まっているんじゃないかと思っているので、極力減らしていきたい。キャッチボールも少しずつ減らしています。

立浪　それも面白い。ピッチャーとしてはもちろん、野球人としてのセンスを感じるね。「人と同じ考え方をしない」ということか。

金子　はい、実はボールの投げ始めは、意識して真上から放《ほう》っています。これには理由があって、キャッチボールの際、最初に肩甲骨《けんこうこつ》を大きく使って投げたいからです。こうする

とリリースがどうしても後ろになるんですが、そのあと、しっかり前で放せるようにするために、横から投げています。ブルペンでも、横から投げたりもしますね。

立浪 自分なりのルーティンができている?

金子 はい、ある程度はできあがっています。

立浪 たまにダルビッシュ有が、実戦で腕の角度を下げて投げることがあるけど、試合中にそういうことはやったりしないの?

金子 多少はしています。でも、まわりの人が目に見えてわかるような変化ではないですね。自分の中では少しだけ腕を下げたりはしています。

変化球を打ちづらくさせるセンス

「曲げよう、落とそうとは、思わないようにしています」――金子

×

「打つ側は、内角に急に食い込む変化球が嫌」――立浪

立浪 得意の変化球について、教えてもらおうかな。球種が多いうえに、その1つひとつの質が高い。いちばんセンスを感じるのは、ストレートも変化球も同じ腕の振りに見えること。このあたりが、さすがやね。

金子　ほかのピッチャーと比べると、僕がいだいている変化球に対するイメージや考え方は違うと思っています。変化球の握りをした時点で、ボールは勝手に変化する。だから、曲げようとか、落とそうとか、あえて思わないようにしています。

立浪　自分から曲げようとはしない？

金子　はい。変化球は、自然に変化するものです。これが自分でどうにかしようとすると、リリースポイントが変わったり、腕がゆるんだりしてしまう。こういう考え方は、若いピッチャーにも伝えています。試合を見ていて、「これじゃあ、バッターに変化球ってわかってしまうな」と感じたときには、言いますね。若いピッチャーはどうしても自分目線だけになってしまって、相手目線を考えずに投げてしまいがちです。バッターからどう見えているか、どんな変化球が打ちづらいかを、もっと考えたほうがいいと思います。

立浪　若手にとっては最高の先生やね。「教えてください」と聞きに来る後輩もいるの？

金子　それが、なかなかいないですね。

立浪　来たら教える？

金子　はい、僕が教えられることであれば、いくらでも教えます。

立浪　これだけの一流ピッチャーがいて、なんで聞きに行かないのか不思議でしょうがない。以前、巨人の坂本（勇人）が「年上年下関係なく、いいと思ったことはどんどん聞き

自分がどう投げるかだけでなく、打者からどう見えているかも重要視する金子千尋投手。

に行きます」と言っていたけど、とても大事なことだと思う。

金子　でも、僕も見て学ぶことが多かったほうです。テレビのスローVTRを見て、「あのピッチャーはこういう握りで投げているのか。次に試そう」と思ったり、本を読んでマネすることもありました。広く浅く、いろいろなピッチャーから吸収してきました。

立浪　実際に、変化球はどんなイメージで練習をしているのかな。いいピッチャーはキャッチボールのときから真剣に変化球に取り組んでいるように思うんだけど、そのあたりはどんな考えを持っている？

金子　そうですね、僕はブルペンに入らない分、キャッチボールのときから変化球を投げています。独特なキャッチボールをするので、いつもブルペンキャッチャーに受けてもらっているんですが、ある程度の距離が開いてきたら、なにも言わずに変化球を投げます。とくに多いのがチェンジアップ。相手にチェンジアップを投じているのがわからないように投げることを心がけています。

立浪　ブルペンキャッチャーにわかってしまうと、意味がない？

金子　はい、いかに気づかれずに投げるかです。そのためには、ストレートに近い腕の振りで投げる技術が求められます。

立浪　そうなると、変化の幅も小さいのが理想かな？

金子　そうなりますね。理想のピッチングは、1人の打者を1球で打ち取ることで、そのためにはバットに当てさせないといけません。三振よりは、1球で終わらせたい。変化の幅が大きいと、バットに当たりにくいですし、コントロールするほうも難しくなってしまいます。だから、あまり変化をさせたくないんです。ストレートのように見えて、ホームベースの近くでちょっとだけずれる変化球が理想と言えます。

立浪　さすが、変化球のセンスに優れたピッチャーの考え方やね。自分も現役時代を振り返ってみると、右ピッチャーが投げる、内角に急に食い込んでくるカットボール、左ピッチャーならシュートといった変化球を打つのがいちばん難しかった。長いバットを持っている分、芯《しん》に当てる難しさがあったな。それにインコースを意識してしまうと、どうしてもアウトコースの意識がおろそかになる。とくにインコースを打つにはポイントを前にしないといけないので、アウトコースにチェンジアップやシンカーで抜かれると、対応が難しかった。左バッターの内角にカットボールを投げているんでしょう？

金子　はい、投げています。インコースを見せておくだけでも、バッターの意識が変わると思っています。それに僕の場合は、バッターに「コントロールがいい」と思われている一方で、怖《こわ》さがないと見られているかもしれない。なので、インコースに投げなければ、しっかりと踏み込まれるんです。そうさせないためにも、インコースを使うようにしています。

立浪　確かにこれだけコントロールがいいと、かえって、バッターにとっては狙《ねら》い球をしぼりやすく、安心してスイングできるというのがあるかもしれないね。今だと、阪神の藤浪（晋太郎）のようなタイプは右バッターにとってはかなり怖いはず。シュート回転で、体の近くに抜けてくるからね。俺の現役時代だったら、石井一久（元ヤクルト、埼玉西武など）。体のほうにストレートが来たと思ったら、キレのいいスライダーが、体の近くからストライクゾーンに曲がってくる。なかなか、勇気を持って踏み込めなかったな。

センスを感じるバッターへの対抗策

「バットが内側から出る内川タイプには、内角攻めも手!?」――立浪
×
「代打・立浪さんとの対戦なら、最初から勝負球で入ります」――金子

立浪　ピッチャーの立場から見て、センスを感じるバッターはいる？

金子　これは対戦結果にもあらわれているんですけど、内川（聖一）さん（福岡ソフトバンク）ですね。どの球にも対応してきて、タイミングをずらしたと思っても、芯に当てられます。だから、泳いだ感じで打ったのに、外野の奥まで飛んでいくんです。打ち取ったはずが、「そこまで飛ぶのか……」と思わされたことが何度もあります。

立浪　右打者では、現役選手でいちばん結果を残しているバッターだからね。

金子　いい意味で割りきりができるバッターだと思います。2017年5月16日の対戦では、カーブを完璧《かんぺき》に待たれて、センター前に打たれました。その前の5月9日には、インコースのシュートを狙われてのホームラン。配球も読まれることが多いんです。

立浪　そこまで苦手意識があることを知ったうえで、「金子VS内川」の対決を見ると、また違った面白さがあるかもしれないね。

金子　あとは、同じソフトバンクですけど、中村晃《あきら》君ですね。僕は、どれだけ良い当たりを打たれたとしても、インコースを引っ張ってもらってのファウルはOKと考えています。それで、カウントを稼げますから。でも、彼はインコースに詰まりながらも、ライト線のフェアゾーンに持っていくんですよ。この打ち方が、すごく嫌なんです。

立浪　カットボールも、ライト線に持っていかれる？

金子　はい。ストレートもカットボールも打たれます。インコースを意識づけさせたうえでアウトコースに投げたとしても、今度はレフト前にしっかりと打たれてしまう。本当にうまく、流し打ちをされるんですよね。

立浪　それは相当、相性が悪いね。

金子　中村君に関しては、レフトフライで打ち取れるイメージがわきません。内川さんと中村君の2人は、本当に投げづらいです。

立浪　2人に共通しているのは、バットを体の内側から出して、面で打っていくタイプということかな。さて、どうやって打ち取ろうか？

金子　まだ、有効な手段を見つけられていません(笑)。

立浪　内と外を交互に攻めずに、徹底してインコースを突くのも1つの手じゃないかな。

金子　それもありますね。

立浪　たいていのバッターは、インコースに詰まって打ち取られるのが、いちばん嫌。どうしても、インコースの残像が残ってしまい、あとの打席にも響いていくもの。バッターの心理としては、同じ打ち取られ方をしたくないから、次の打席も狙いにいくことが多い。こうなると、ストライクとボールの見極めが曖昧《あいまい》になって、ボール球にも手を出すことが意外と増えていくものなんだよね。右対右であれば、ボール気味のシュートを投げ続けるのも面白そうだけど。そこなら、ホームランもないでしょう。

金子　考えてみます(笑)。

立浪　俺が勝手にこんなこと言ったら、オリックスの首脳陣に怒られるか(笑)。でも、どうせ打たれているのなら、極端なことをやってみたほうがなにかを見い出せる。

金子　そうかもしれません。相性って、やっぱりありますよね。シーズンによって対戦打率はけっこう変わるものなんですが、この2人には毎年打たれています。

立浪　内川と中村晃は「金子千尋を打つセンス」に優れているのかな。ほかのバッターはどう？　例えば、西武の秋山（翔吾）あたりは年々、技術が上がっているように見えるけど。

金子　200安打を記録した15年シーズンから、ものすごく変わりましたね。前足をゆっくりと上げてタイミングをとれるというのは、センスのいいバッターの証《あかし》だと思っています。足を上げることによって、軸足に乗る時間ができている。秋山君は、このあたりのタイミングのとり方がうまいですね。

立浪　バッターからしても、足を上げたほうがタイミングがとりやすい。ノーステップにするバッターは、だいたいがタイミングに悩んでいることが多いね。あとは、セ・リーグになるけど、巨人の坂本はどうかな。彼もタイミングをとるのが非常にうまいバッターだと思う。

金子　いいバッターです。彼のようにインコースをうまく打ってくるタイプは、投げづらいですね。16年の交流戦（6月2日）でも、完璧にホームランを打たれました。あとは、表現が難しいですけど、下からバットが出てくる選手は嫌ですね。

立浪　それは、秋山にも坂本にも言えることじゃない？

金子　それはあります。ピッチャーのボールはどんなに速くても、上から下に落ちていきます。そう考えると、ダウンスイングの打者のほうが打ち取りやすいイメージがわくんです。

立浪　二刀流・大谷翔平はどんなふうに見ている？

金子　彼こそ、天性のセンスの塊《かたまり》ですよね。もちろん努力もしているでしょうけど、努力だけで160キロは投げられませんから。それに、あれだけの体を使いこなしているのもすごいセンスだと思います。大きな体のピッチャーがみんな同じように投げられるわけじゃないので。

立浪　バッターとしては？

金子　対戦したくないバッターの1人に入りますね。パワーがあるだけでなく、バットコントロールがじょうずで、足も速い。多少、ボール球に手を出してくれる面はあるんですが、ちょっとでも甘くなると、リーチがある分、拾われてしまいます。

立浪　インコースにカットボールを投げても、対応される？

金子　詰まって打ちながら、ライト前に落とす技術も持っています。本当にいいセンスを持ったバッターですよ。

立浪　じゃあ、打者・立浪と勝負するとしたら、どう攻めるかな？　たぶん現役時代は対戦してないと思うんだけど。

金子　そうですね。もし2人の現役時代がかぶっているころに対戦したと仮定するなら、おそらく立浪さんは、試合の終盤、相手チームにとってチャンスの場面での代打だと思うので、僕は最初から勝負球で入ると思います。その日に調子がいい球種を選ぶかもしれません。

立浪　代打の鉄則は、いかにファーストストライクを振れるか。でも、まともにくるピッチャーは少ないので、ウイニングショットから入ってくることも頭に入れておく。ただ、それを考えすぎると、甘いストレートに手が出ないこともあるから、なかなか難しい。案外、なにも考えずにストレートだけを狙ったときのほうが、結果が良かったりするんだよね。

タイミングをずらす技術

「後ろ足に乗る時間を長くすることがあります」――金子

×

「前足がなかなか着地しないピッチャーは打ちづらい」――立浪

立浪　バッターはタイミングが命。どんなにいいスイングをしていても、ピッチャーとのタイミングが合わなければ、結果は出ない。一方、ピッチャーは、いかにバッターのタイミングをずらすかを考えていると思うんだけど、このあたりのずらしもうまいよね。

金子　常にやるわけではないですが、体重移動のときに軸足である後ろ足に乗る時間を長くすることはあります。たぶん、コンマ何秒の差ですけど、その差でバッターのミートポイントが5センチぐらいずれることもあると思うんです。

立浪　その感覚はよくわかるよ。前足がなかなか着地しないピッチャーは、本当にタイミングがとれず、打ちづらい。下半身に粘りがあって、足を着くまでのあいだというか、「横向きの状態が長い」感じ。今なら、左投げの（ラウル・）バルデス（中日）かな。１３７キロぐらいのストレートでも、バッターは振り遅れていることが多い。テイクバックが小さく、下半身の粘りがあるので、タイミングを合わせるのが難しいタイプかもね。

金子　僕も、横を向いている時間を長くしたい意識はあります。

立浪　バッターも同じだよね。ユニフォームの胸にあるチームのロゴマークが早くピッチャーに向いてしまったら、外のボールになる変化球はまず打てない。

金子　17年5月16日の福岡ソフトバンク戦で、松田（宣浩）選手にホームランを打たれたんですけど、2ボールからの失投でした。「フォアボールを出したくない」という気持ちが働いて、ストライクを取りにいってしまって……。ストライクを取ろうとすると、どうしても正面を向くのが早くなり、その結果として真ん中に入ってしまいました。

立浪　これだけのピッチャーでも、そういう心理が働くことがある？

金子　よくあります……。だから、三振を取りにいったり、ピンチだから力を入れたりすることは、あまり意識しないようにしていますね。意識をすると、フォームにずれが生まれ、甘いコースに入りやすくなってしまいます。いつも思っているのは、「同じフォームで投げれば、同じところにいく」ということです。

他人と違うことをするというスタイルや独自の思考で、センスを磨き続ける金子千尋投手。投手と野手の違いはあっても、対談中、著者が共感する場面も多かった。

立浪　バッターにはなかなかわからない感覚だけど、投げる瞬間に「打たれる」とか「振ってこない」ということは、なんとなく察知できるものなの？

金子　それこそ、バッターを観察するセンスだと思います。僕も、足を上げたときに「これは振ってこないかな」と、なんとなくわかるときはあります。ただ、僕の場合は全球振ってくると思って投げているので、力を抜いて投げることがほとんどないんです。打つ気がないとわかったときに、真ん中でスッとストライクを取れるようになると、もっといいんですけどね。そのあたりは、自分はまだまだです。

立浪　外国人投手は、日本人とはまた違った感覚で投げていると思うんだけど、センスを感じるようなピッチャーはいるかな。

金子　外国人ですか……。誰かいますかね？

（しばし、熟考）

金子　ピッチャーは、すぐにはちょっと思いつかないですね。野手でもいいですか？

立浪　どうぞ。

金子　前に千葉ロッテにいて、17年途中に巨人から東北楽天に移籍した（ルイス・）クルーズ選手ですね。グラブさばきが抜群にうまい。同じセカンドなら、藤田一也さん（東北楽天）の守備もうまいですけど。

立浪　守備の話が出てくるとは(笑)。そういう目は、ピッチングにも生きてくる？

金子　つながってきますね。グラブが好きなので、うまい内野手のグラブの型を取り入れてみようかなと思います。

立浪　守備の話が出てきたから、フィールディングについても教えてもらえるかな。あの部分にこそ、センスがあらわれると思っているんだけど、守りに関してはどんなふうに思っている？　14年にゴールデングラブ賞を受賞してるしね。

金子　大事だと思います。自分を助けてくれるものでもありますから。ただ、長くやっていると、安全なプレーを選んでしまう自分がいます。例えば、ノーアウト一塁でのバント処理。二塁でアウトにできるのがいちばんいいのはわかっていますけど、アウトにできなかったときのリスクが、どうしても頭に浮かんでしまうんです。最近は、1アウト二塁からバッターをどう抑えるかを考えることのほうが多いですね。

立浪　フィルダースチョイスでノーアウト一、二塁になるよりは、1アウト二塁でいいので、次のバッターに集中したほうがいいと。

金子　はい、そういうことです。

立浪　ちなみに、グラブはどんな感じのものを使っているの？

金子　僕のグラブは固いんですよ。

（立浪、金子が持参してきたグラブに手をはめる）

立浪　なるほど、固いね。「これでキャッチャーからの返球が捕れるの？」と思うぐらい固い。

金子　試合の中で、打球をしっかりつかんで捕る機会はめったにありません。それよりも、強いピッチャーゴロに負けずに、グラブに入ってくれることを重要視しています。

立浪　人差し指のところのレース（紐《ひも》）をゆるくしているのが気になるけど、これはどうして？

金子　人差し指を残しておいて、親指と薬指・小指を閉じて使いたいからです。ここをゆるくしておけば、グラブを縦にも横にも使えるようになります。

（グラブをはめたまま、閉じてみる）

立浪　本当だ。縦にも横にも使える。すごいね、このグラブ。ただ、投げるときにグラブをギュッとつぶすようにして使うピッチャーもいるけど、このグラブだとそれもできないよね。

金子　僕はやらないですね。ギュッとしようとすると、利き腕のほうにもよけいな力が入ってしまう感じがあるんです。グラブを抱え込んだり、引いたりすることもしません。

立浪　じゃあ、どうやって使っているの？

金子　僕は下に落とすだけですね。落とすことで、体を縦に使えて、腕も縦に振ることができます。グラブを引くとどうしても体が横回転になり、腕も横振りになりやすいと思います。

キャッチャーとの相性と、バッテリーとしてのセンス

「球種が多いと、サインに首を振りたくなるときもある?」――立浪

×

「8対2で、キャッチャーのサインを信頼しています」――金子

立浪 ここからは、女房役のキャッチャーのことや、投手・捕手のコンビとしてのバッテリーセンスについて、話を進めていこうか。ピッチングを見ているといつも思うんだけど、それだけの球種を持っていたら、キャッチャーの配球やリードの力が問われそう。自分自身でも、なにを投げるか迷うときはないの?

金子 そういうときもありますね。打たれたあとに、「こっちを投げておけば良かったな」と思ったりもします。

立浪 キャッチャー側のセンスとか、バッテリーとしてのセンスの良さや相性っていうのも重要になってくるよね。今のオリックスは複数のキャッチャーを併用《へいよう》しているけど、コンビを組むのはほとんどが伊藤光《ひかる》みたいだね。やっぱり、相性が良いというか、センスが合うというような部分はあるのかな?

金子 長く受けてもらっているので、やりやすさはありますね。例えば、試合中にちょっ

と変わった配球で攻めたいなと思ったときに、普段出ないようなサインがスッと出てくるんです。そんなときは「あ、光もわかっているんだ」と思います。

立浪 でも、「それじゃないいんだよな」と首を振りたくなるときもあるでしょう。そういうときは、思ったとおりに首を振るの？

金子 もちろん、首を振るときもありますけど、だいたい8対2ぐらいでキャッチャーのサインどおりに投げます。

立浪 それは、意外だな。

金子 キャッチャーはバッターにいちばん近いところにいるので、バッターの仕草や雰囲気がいちばんわかると思っています。だから、キャッチャーのサインや配球のセンスを信頼しています。それに、首を振って投げる球が本当にベストなのかも、あんまり信用できないんですよね。心理的に、自分で決めた球なのでどうしても力《りき》むことが多くて。今までの経験上、首を振ったあとは結果があまり良くないですね。

立浪 なるほど、そういうピッチャー心理もあるのか。8対2でキャッチャーのサインを信頼して投げて結果につなげるというのも、1つのバッテリーセンスなのかもしれないな。伊藤光以外のキャッチャーと組んだときに、やっぱりそこで戸惑うこともあるのかな？

金子 配球＝キャッチャーのクセだと思っています。光の場合は、僕の中に「次はこれか、これだろうな」という考えがあって、だいたいそれがハマるんです。バッテリーとしてセンスが合って、うまくいっている状態だと思います。でも、ほかのキャッチャーと組んだときには、「え？　それでいくの？」ということもあったりして、そういう気持ちで投げると、結果は良くないですね。

立浪　配球こそキャッチャーのセンスだと思うけど、違うキャッチャーが、今までにない配球パターンを引き出してくれる、ということもあったりしない？

金子　そうですね、その配球で抑えられれば、「こういう攻め方もあるのか」と思いますね。

立浪　ピッチャーにとって意外な配球でも、結果が伴《ともな》えば、その投手・捕手のバッテリーとしてのセンスは高まっていくということかな。それに、何度も対戦しているバッターだと、お互い手の内がわかっているだけに、最終的には読み合いになってくるからね。インコースに速い球か、アウトコースに落としてくるのか、この駆け引きが面白い。古田（敦也）さんや谷繁（元信）は、「ここに投げられたら、嫌だな」と思っているところに、しつこく攻めてくるキャッチャーだったよ。そのあたり、2人とも、捕手センスに秀《ひい》でていたなぁ。

金子　すごい方々ですよね。

立浪　でも、コントロールもボールのキレもそれだけいいいと、コースにしっかりいけば、そうは打たれないでしょう。ちなみに、相手のデータはどこまで見るタイプ？

金子　直近の何試合かの状態はチェックしています。その中で、どのピッチャーをどういうふうに打っているかはよく見ますね。

立浪　どのピッチャー、というのは？

金子　自分と似たようなピッチャーをどう打っているか、です。

立浪　似ているピッチャーなんて、そうはいないんじゃない？

金子　右のオーバースローで、カーブがあって、チェンジアップがあって……。例えば、東北楽天の岸（孝之）君あたりですね。僕が左投手のデータを見ても、仕方がないところがあるので。

立浪　球場によって、マウンドの投げやすさも変わると思うけど、そのあたりは気になる？

金子　投げやすい、投げにくいは確かにありますけど、そこを気にしていても仕方がないですね。慣れるしかないと思っています。

立浪　その中でも、あえて投げやすい球場を挙げるとしたら、どこ？

金子　やっぱり、ホームの京セラドームです。僕は固いマウンドのほうが好きなんですが、ドーム球場はだいたい固めにできています。

立浪　マウンドの固さを要求するときもある？

金子　はい、京セラドームの場合はありますね。

立浪　どのあたりまで細かく要望を出せるものなの？

金子　最近はあまり言ってないですけど、「踏み出し足のところは、できるだけ固くしてほしい」とお願いしています。僕は、ほとんど掘れないんですけどね。掘れている足場では投げにくいところがあって……。

立浪　掘れないというのは？

金子　毎球、同じ場所に踏み出していて、投げ終わったあとにも、めくれないということです。

立浪　なるほど。だから、コントロールがいいのか。コントロールが悪いピッチャーは、踏み出す足の位置がバラバラでしょう。

金子　足場がぐちゃぐちゃになるピッチャーもいますが、正直、そのあとは投げづらいです。

投手センスを向上させたい読者へのアドバイス

「打者目線でなにが打ちづらいかを考えては？」──金子
×
「打者を観察するセンスも磨くと、レベルアップできるかも」──立浪

立浪　読者の中には小・中学生や高校生もいるんだけど、これほどのセンスあるピッチャーになるためには、どんなことに取り組んだらいいかな？

金子　僕は中高生や野球少年たちの憧《あこが》れのピッチャーではないと思いますよ（笑）。すごく速い球を投げるとか、ウイニングショットになる変化球があるわけではないので……。ただ、目標にするにはいいかもしれません。僕のようなピッチャーは誰にでもなれますから。

立浪　いやいや、なれないでしょう(笑)。

金子　なれますよ(笑)。人と同じではなく、人と違うことを考えて、実行してみることが大事だと思います。

立浪　もし、コントロールに悩んでいるピッチャーがいたら、どんなアドバイスを送る？

金子　まずは、キャッチボールから、同じフォームで投げられるようになることです。僕の場合はさっき話したように、今はいろいろな投げ方でキャッチボールをしていますが、それはちょっと特殊な例としてとらえてもらえれば、と。もともとは上のほうから同じフォームでキャッチボールしていたのを、あえて次のステップとして、違うやり方に変えたわけですから。ピッチングになれば誰もが集中して投げると思うんですけど、野球少年や中高生にはやはり、キャッチボールもそのぐらいの集中力を持って丁寧《ていねい》にやってほしいですね。

立浪　今までいろんなピッチャーを見てきたけど、コントロールがいいピッチャーは間違いなく、高い意識を持ってキャッチボールに取り組んでいたね。

金子　あとは、さっきも言いましたけど、自分目線ではなく、打者目線でなにが打ちづらいかを考えたらどうでしょうか。バッターの目線に立てば、自分になにが足りないか見えますし、そこを補おうと練習するはずです。ピッチャーとしての視野も広がるんじゃないですかね。

立浪　フリーバッティングやシートバッティングでも、バッターの反応を見ながら投げてみるだけで、ピッチングが変わってくるかもしれないね。

金子　自分がいい球だと思っても、バッターには打ちやすい球だったりすることもあるので。

立浪　そういうふうに相手の打者を観察するセンスも磨くと、投手としてレベルアップできるかもね。最後に……ゴルフが好きって聞いたんだけど。

金子　はい、好きです！

立浪　どのぐらい飛ぶの？

金子　ちゃんと当たれば、280ヤードか290ヤードぐらいですね。

立浪　それは、すごい。

金子　いや、でも、ちゃんと当たらないです(笑)。

立浪　野球センスにつながるところもあるかな？

金子　僕はあると思います。いちばん感じるのは、ゴルフもピッチングも同じフォームで打ったり投げたりできれば、同じところにボールがいくということです。とくにゴルフはボールが止まっているので、フォームの乱れがわかりやすいのかなと思います。

立浪　確かに、それはあるね。あとは、メンタルが結果に出る。うまいこと18ホールになっているなと思うわ。前半良くても、最後まで続かなかったりね。

金子　精神面も影響がありますね。プロゴルファーの片山晋呉《しんご》さんの本を読んだときに、「自続力」という言葉が出てきて感銘《かんめい》を受けました。「持続力」ではなく「自続力」。自分が一度決めたことを続けることの大事さとともに、難しさや苦しみにも言及されていました。自分を信じてやり続けることは、本当に難しいと思います。

立浪　いい言葉やね。

金子　今も大事にしている言葉です。

立浪　もっと話が聞きたいけど、そろそろ終わりの時間のようなので。この先も、ケガなく活躍できることを願っているよ。

金子　こんな感じの話で、大丈夫ですかね……。センスを言葉で説明するのは難しいですね。

立浪　大丈夫。これだけの投手がセンスを語れば、説得力がある。楽しい時間をありがとう！

金子　こちらこそ、ありがとうございました！

第5章 走塁センス解説&列伝～野球センスに求められる足

――足の速さ、スタートの良さ、判断力……走塁で重要なセンスの数々

本章では、走攻守の残り「走塁センス」を解説する。走塁では、「足の速さ」が、まず基本的に必要な能力だ。プロ野球の世界では、50メートル走で5秒台後半の脚力があれば、「超一流」のスピードの持ち主。ただ、野球の塁間は27・431メートルで、本当に必要な脚力は30メートル走の速さ。短い距離でいかに早くトップスピードに乗れるかが、カギとなる。「走塁＝盗塁」ととらえる読者も多いと思う。私の現役時に「これは刺せない」とあきらめ気味だったのが、現在、広島の監督を務める緒方孝市《おがたこういち》さん（元広島）。足が速いうえに、スタートの一歩目のタイミングも鋭い。とくに3年連続盗塁王（1995～97年）を獲《と》ったころは、アウトにできる雰囲気がなかった。この間《かん》の成績は、盗塁成功146回で、失敗26回。バッテリーが警戒する中、8割5分近い成功率を残した。

緒方さんは、1球目や2球目でよく走ってきた。これこそ、足の速さとはまた別の走塁センス、ひいては野球センスに長《た》けていた証《あかし》。なぜなら、走者の盗塁を待つ作戦の場合、早いうちに走らないと、打者は不利なカウントになるからだ。もし、1ボール1ストライクからの3球目で盗塁が成功しても、その間の投球がストライクならば、1ボール2スト

ライク。打者は追い込まれた状況で、投手が投じるウイニングショットに挑まなければならない。走者の立場からチーム全体を考えて動くのも、野球センスの1つだ。

さらに盗塁に関して言えるのは、アウトカウントとの関係性だ。ノーアウトで盗塁を仕掛けるのは、緒方さんのような超一流クラス。なぜなら、盗塁でアウトになると、「もったいない」という空気がチームに流れるからだ。サインを出す監督にも、勇気と覚悟が求められる。これが2アウトからなら、「アウトでも仕方がない」と、ある程度、割りきれる。走者がアウトになっても、打者が凡退しても、同じ3アウトチェンジ。すなわち、無死一塁で2球目までに盗塁を決める選手は、走塁センスの塊《かたまり》と言って間違いない。

一方では、18ページでも触れたが、「走力＝盗塁・走塁能力」ではない。足が速いのに盗塁数が伸びない、「盗塁・走塁センス不足」の選手もいる。それは一歩目のスタートやスライディングに難点があることが多く、このあたりもセンスが問われる要素の1つ。逆に、足がさほど速くなくても、スタートの良さで盗塁を決める選手もいる。

そして、走塁で最も難しいのが、打球に対する判断力。一死二塁、内野と外野のあいだに落ちそうなフライが上がったとき、「落ちる！」と判断してホームを狙《ねら》うのか、ハーフウェイで止まるかは大きな違いだ。こういった判断に長《た》けていたのが、私のチームメイトだった荒木雅博選手。走塁に貪欲《どんよく》で、1球1球を大切にして走塁練習に取り組んでいた。

「力《りき》まない」ことが、盗塁のスタートには必要

盗塁を成功させるためのスタートで大事なのは「力《りき》まない」こと。力が入ると、2〜3歩目で加速できず、スピードに乗れない。この差がセーフとアウトを分ける。50メートル走ならばスタートの遅れを挽回する可能性もあるが、塁間の距離ではそうはいかない。

私は足の速さには自信がなかったが、88年のデビューから2006年まで19年連続で盗塁を決めた。プロ1年目には22回、90年には18回成功し、計5シーズン、2ケタ盗塁を記録。打撃・守備のほか、このあたりの記録もあって、私に「野球センス」なるものを見い出してくれた方々がいたのかもしれない。スタートで意識したのは、腕の使い方。腕を強く振る勢いを利用し、投手方向を見ていた体を右へ90度ターンさせ、二塁方向に素早く向くイメージ。足を意識しすぎると力んでしまうため、腕に意識を持っていった。

また、2015年、16年とセ・リーグの盗塁王になっている東京ヤクルト・山田哲人選手は、一塁にランナーとして出た場合、盗塁するかどうかにかかわらず、すべての投球で二塁側に重心を置きながらタイミングをはかっているという。

「力まない」という考えは、リード時の姿勢にもつながる。重心を下げることを意識す

2年連続トリプルスリーで盗塁王の山田哲人選手。随所《ずいしょ》に野球センスが垣間《かいま》見える。

ぎて、低い姿勢でリードをとる選手がいるが、その姿勢のままスタートを切るのは難しい。普通はスタートでかえって体が浮き、加速するまでに時間を要してしまう。

理想は「高すぎず、低すぎず」。日々の練習で、自分のベストな姿勢を見つけるしかない。体が浮く選手は、上体を起こし、高い姿勢をとるのも1つの手。また、右足を後ろに引いて構えると、左足を二塁方向に出しやすくなる面もある。「左足の通り道ができるようにする」イメージだ。ただし、一塁への帰塁は、若干《じゃっかん》だが、遠回りになる。

球場によってもスタートの切りやすさが違う。人工芝のほうがスパイクの刃《は》がかかりやすく、スピードに乗りやすい。土のグラウンドはスパイクのグリップが利きにくく、前へ進みづらい。考えてみれば、広島の緒方さんも、本書の対談に登場する赤星憲広《あかほしのりひろ》選手（元阪神）も、広島市民球場、甲子園球場という土の球場がホーム。土であれだけの盗塁を決めたということは、「本物の走塁センス」を持っていたと言える。

三盗こそ、走塁センスが要求される

二盗以上にセンスが必要なのが、三塁への盗塁、すなわち「三盗」だ。得点圏である二塁から、アウトのリスク覚悟での三盗には、100パーセントに近い成功率が求められる。

脚力がある選手ならば、投手の足が上がると同時にスタートを切っても、セーフになることがある。ただ、私みたいな選手ではそうはいかない。いかに1次リード（通常のリード）からのシャッフル（サイドステップ）で距離を稼げるか。シャッフルで動きながらスタートを切れるようになれば、三盗の成功確率は上がっていくはず。「静から動」よりも「動から動」でスタートを切ったほうが、加速しやすくなる。

そのためには、投手のクセを見抜くことが大事だ。クセが出る部分で、最もわかりやすいのが、走者に目をやる回数。1度しか見ないとわかれば、セカンドを見てホーム側に顔を向けようとした瞬間に、シャッフルを踏んでスタートを切る。投手が完全にホームを見てからスタートでは、遅い。

牽制《けんせい》がうまい投手は、目をやるのを、0回から数回と、あえて不規則にする。走者は迷い、スタートが切りづらい。一方、3～4回も首振りをしたあとに牽制を入れる投手はあまりいない。回数が多いときに、「もう牽制はない」と走れたら、相当な走塁センスの持ち主だ。

逆に、ランナー視点でセンスを感じるのは、二塁走者を見ながらホームに投げ込む投手。二塁走者に目を配ったまま足を上げ、目線を捕手に切り替え、投球を行う（これは、ボークではない）。目線がぶれる恐れがあるため実例は少ないが、走者は走りづらい。逆に言えば、投手にこの技術があれば、三盗のリスクを下げられるわけだ。

投手のクセを盗むセンスを磨く

前項で投手のクセの話をしたが、より掘り下げたい。三盗に限らず、盗塁の成功率を高めるには、このクセ盗みが不可欠だ。クセがわかれば、投手の前足が上がる前にスタートを切れる。プロ野球ともなると、一塁側から投手に向けてビデオを回し、投球時と牽制時のクセを細かく記録・分析している。投手本人は「クセはない」と思っても、牽制時にはセットするグラブの位置が高くなったり、捕手側の肩が少しだけ開いたりと、違いが見える。脚力がなくても盗塁を成功させる選手は、こうしたクセ盗みのセンスに長《た》けている。

アマチュア野球では、ビデオまで撮るのは難しいかもしれない。その場合は、あえて一塁コーチャーズボックスに入って、一塁ランナーと近い視点で投手をしばらく見るのも1つの策だ。ベンチから見ているよりも、クセを盗みやすいはずなので、アマチュア野球のプレーヤーの方々も、走塁センスを磨くために試みてはいかがだろうか。

セットポジションの秒数によっても、投手の傾向は出やすい。セットに入ってから3秒後に投球動作を開始する投手ならば、2・9秒あたりでスタートを切れる。だが好投手は、セットポジションの間合いを1球ごとに、3秒、1秒と、変えて投げる。前項の二塁牽制の目をやる回数の話と同様に、一定の間合いで投げてくる投手は走りやすい。

走者からすると、セットポジションで長くボールを持たれると思いきってスタートできない。とくに盗塁のサインが出ているときに、5秒や7秒も持たれると、我慢がきかなくなる。待ちきれずに体重が右足に乗り、このタイミングで牽制が来ると、逆を突かれることがある。

草野球選手の方ならば、相手投手のセットポジションの静止時間を計ってみてはどうか。常に同じリズムではなくても、ある程度の傾向は見える。投手の足が上がる前にスタートを切れたら、「お前、走塁センスあるな！」と、仲間から一目置かれるかもしれない。

打者に集中したい場面に、投手のクセは出やすい。走者への警戒心が薄れたとき、本来持っているクセが無意識のうちに出る。見逃さぬように、観察しておきたい。

配球を読んで、スタートのタイミングを探る

150キロのストレートならば、リリースからキャッチャーのミットに届くまでおよそ0・4秒、110キロのカーブともなれば、およそ0・56秒でミットに到達。たった、0・16秒の違いと思うかもしれないが、この差は大きい。一塁まで4秒で走る脚力を持った選手は1秒で7メートル、0・1秒で70センチ進む。となると、計算上は0・16秒でお

よそ100センチ＝1メートル進んでいることになる。こう考えると、直球よりも変化球のタイミングで走ったほうが有利であることはわかるだろう。

このタイミングを読むのも、走塁センスの1つだ。相手バッテリーがどのタイミングで変化球を投げてくるか、カウント別の配球を調べると、傾向が出てくるはず。初球に直球でストライクをとったあと、2球目にはスライダーを投じるというデータがあれば、ここに走るチャンスが生まれる。また、変化球を投げる寸前の投手がすぐに牽制を放《ほう》ることはほとんどない。変化球の握りのまま、一塁に投げられないからだ。細かい握り替えができる投手もいるが、変化球を投げるタイミングがわかれば、走者にとって有利に働く。

リードの幅によっては、一塁走者の視界から捕手のサインを覗《のぞ》くこともできる。知り得た情報を打者に伝えるのはルール違反だが、自分自身の走塁に生かすのは、問題ない。

プロ野球では、一塁牽制は捕手からのサインで行われることが多い。つまり、捕手の指の動きで、牽制とわかることがある。小指をピッと出すような意外にシンプルなものも多い。テレビ中継では、捕手のサインが映るので、指の動きに注目してみるのも面白い。

また、捕手の構えからわかることもある。例えば、フォークボールを要求しているときに内角や外角に寄ることは稀《まれ》で、たいていは真ん中低めに構える。そして、フォークで多いのが低めへのワンバウンド。捕手が体で止めにいかなければいけないボールであり、送球動作には入りにくい。このタイミングを読んで走れるランナーは、走塁センスに優れている。もちろん、ベンチのサインで動くことも多いので、配球を読んだ首脳陣の采配力とも言える。「ワンバウンドが来る可能性が高い」とイメージできていれば、盗塁でなくてもワイルドピッチで次の塁を狙うための対応も早くなる。投手から目を離さないことが大前提にはなるが、余裕があるときは捕手の動きにも目を配りたい。

相手を惑わす効果的なリード、次のプレーをイメージした戦略的なリード

前項でも説明したように、リードをとるときは投手から目を離さないことが基本となる。捕手のサイン読みに執心しすぎて牽制で刺されたら、元も子もない。

投手がボールを手に持っていないあいだに、リードをとるのも大事なポイント。プロ野球では、球種がばれないようにグラブの中でボールをセットする投手が多く、その場合、グラブの中にある限りは、素早く牽制球を投じられない。一方でアマチュア野球の場合は、手にボールを持っている投手のほうがおそらく多いだろう。こうなると、セットに入る前の牽制に注意が必要。左足を右足の後ろに入れてバッククロスしながらリードをとることで、素早い牽制に対しても瞬時に戻れるはずだ。

リードの幅は、各人の脚力で変わる。大事なのは、盗塁のサインの有無にかかわらず、同じようにリードをとること。経験が浅い選手は、盗塁のときにリード幅が大きくなり、二塁ベースを見てしまいがちだが、これでは相手バッテリーに勘ぐられる。

ただし、走塁センスに長けた選手はあえてリードを大きくとり、「次の球で盗塁するよ」とバッテリーに意識させる技術を持つ。ボール球を投げてくれたら、もうけもの。こういう場合は帰塁に重きを置き、牽制では絶対に刺されないようにする。さらに、わざと逆を突かれたように戻って惑わすのも、テクニックの1つ。バッテリーに「盗塁かエンドランのサインが出ているのか？」と警戒させられれば、ウエストボールを使う場合もあり、打者有利のカウントに持っていける。こうしたチーム全体に配慮したプレーには、高い野球センスを感じる。

リードする位置にも気を配りたい。例えば、無死二塁であれば、二塁走者の最優先事項は三塁に進むこと。そのため、二塁と三塁を結んだライン上にリードし、三塁まで最短距離の走路をとれるようにしておく。これが1アウトになれば、やや後ろに下がり、2アウトの場合は、さらに下がる。なぜかと言えば、二死二塁で求められるのは三塁を陥《おとしい》れることでなく、外野へのシングルヒットでホームに戻ってくることだからだ。

二塁と三塁のライン上にリードしていると、三塁手前で右へ膨《ふく》らまなければベースをうまく回れない。遠心力がかかり、三塁を回ったところで大きく膨らむ。あらかじめ後ろに下が

二塁から本塁にかけてのベースランニング

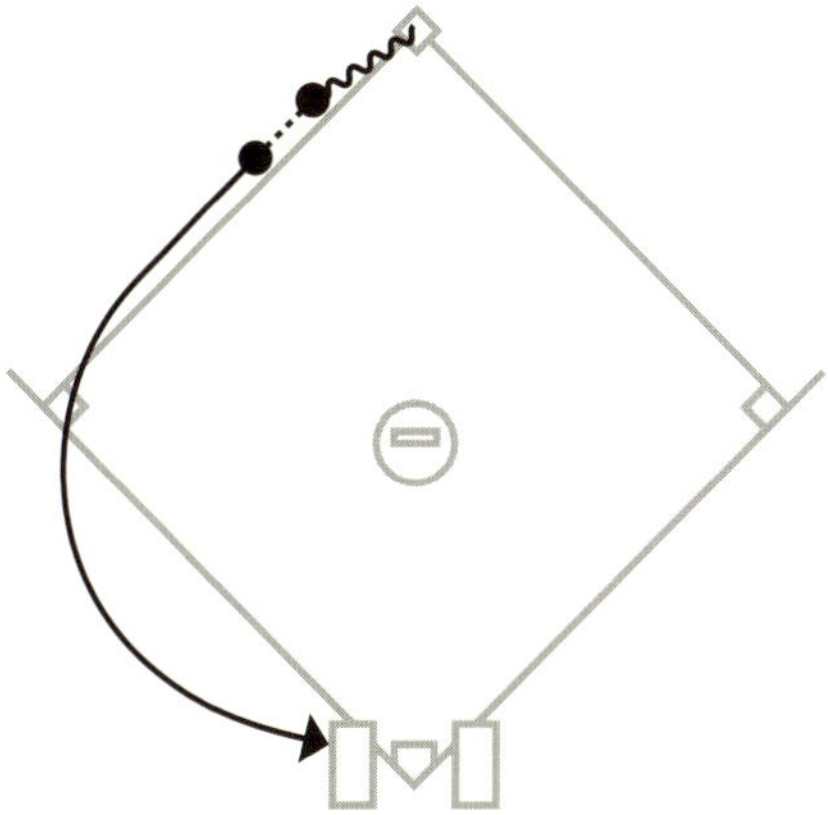

1次リード
2次リード

×悪い例

1次リード、2次リードを、ともにホームベース寄りにとり、三塁ベース手前から大きく膨《ふく》らみ、三塁ベースを踏んでからも、さらに勢い余って、距離をロスしながら本塁に突っ込んでしまっている。外野から好返球が送られた場合、アウトになる可能性が高まる。

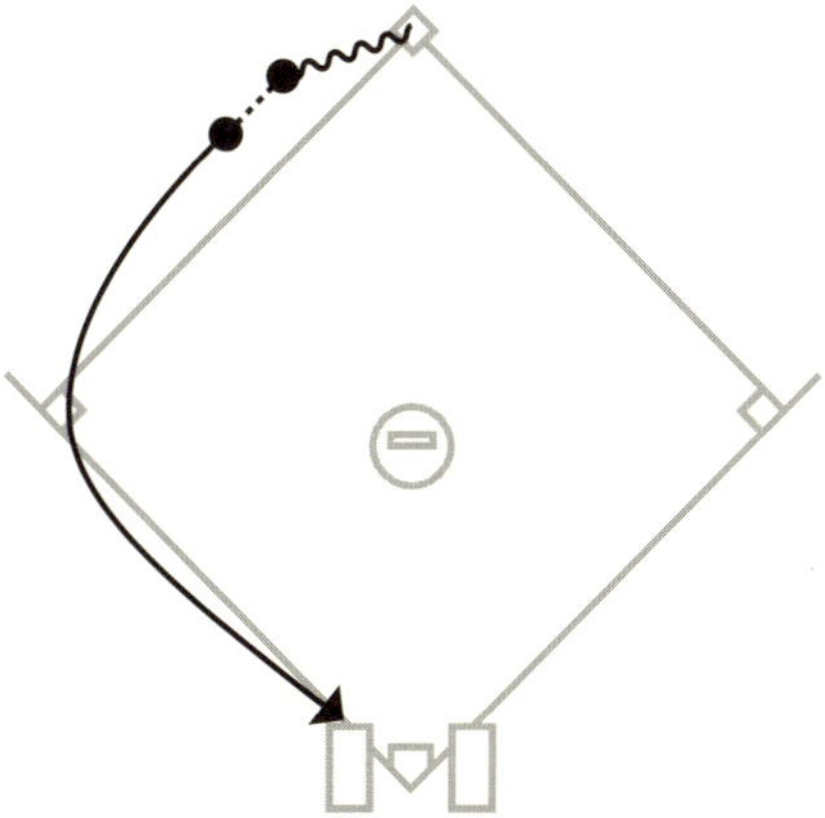

○良い例

1次リードからやや外野寄りに走路をとりつつ、さらに2次リードでも、打球に備えて回りやすいように足を進める。そこから、三塁ベースへ膨らまないように入り、さらに本塁へは、ファウルラインからなるべく離れないようにタイトに突っ込むのが良い。

リードの段階から三塁、本塁までの走路をイメージしておけば、ルートは見えてくるはずだ。塁上では、投手や捕手からの牽制《けんせい》に注意し、野手の動きを確認しながらリードをとること。

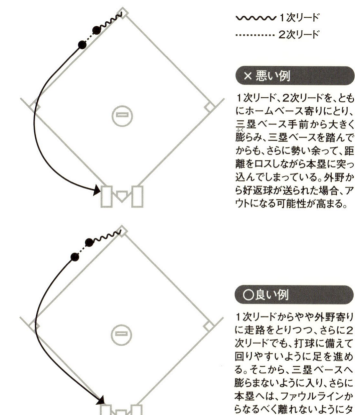

ってリードをすれば、三塁手前での膨らみを最小限に抑えられ、無駄な距離を走らずにすむ。ベースは、内野グラウンド側の角を踏むのが理想。左回りのため左足で踏むのがベストだが、足が合わないときもあるので、絶対ではない。走塁センスに優れた選手は、ベースの踏み方が巧《たく》みだ。ベースを1つの道具として利用し、踏んだ勢いでうまく体の切り替えを行っている。外に膨らむのではなく、体を内側に倒すことを意識したい。

一歩目の判断力を高めて、走塁センスをアップさせる

足が遅い選手でも、走塁センスを高めることはできる。その最大のポイントが2次リード（牽制がないと判断してから広げるリード）をとるときに、バッターのインパクトに合わせて、シャッフル（186ページ参照）を入れること。シャッフルの最後の一歩で右足を軽く浮かせた状態を作る。すると、右足の着地と同時に「ゴー」「バック」の判断ができ、一歩目の反応が速くなる。これは足が速かろうが遅かろうが、意識ひとつでできる。

プロ野球選手はキャンプ時から、シャッフルでの「合わせ」を繰り返している。シートバッティングで各塁に入り、打者のインパクトに右足を合わせる。ただ、走塁意識が高い選手は真剣に取り組んでいるが、そうでもない選手もいる。キャンプでチェックするのも面白い。

この技術は、バントのときにも生きる。送りバントの場面でよく目にするのが、打者がストライクゾーンを見逃したときに走者が飛び出し、捕手からの送球で刺されることだ。一死一塁や二塁で、この走塁ミスが出ると、流れは一気に相手に渡ってしまう。ここでも、バントの瞬間と右足を合わせることを意識しておけば、一歩目を素早く切れる。

また、先ほど紹介したようにストレートと変化球（とくに、ゆるいカーブ）ではキャッチャーへの到達時間が違うことも頭に入れておきたい。直球では右足を合わせられても、カーブでは、ずれることがある。これはどうすればいいかという具体的な方法論はなく、とにかく練習をする中で自分の体に染《し》み込ませていくしかない。走塁センスを本気で磨く意識で、どれだけ練習に取り組めるかにかかっている。

この2次リードは、相手の捕手の肩によって、出られる幅が変わる。現役時代を振り返ると、古田敦也さんがマスクをかぶっているときは、2次リードが小さくなった。なぜなら、古田さんは2次リードの大きな選手を刺しにくるからだ。「古田さんから送球が来る」と思うだけでも、2次リードをとりきれなくなる。とくに捕手から動きが丸見えの二塁走者のときは、ちょっとした恐怖があった。距離にすれば、わずか半歩程度。でも、その半歩のリードをとれないことが、三塁や本塁での判定を左右する。視点を変えれば、これは捕手側の優れた守備センス、野球センスだと言えるだろう。

スライディングは右足でも左足でもできるよう身につける

どれだけ脚力があっても、ベース際のスライディングで減速すると、クロスプレーがアウトになる。理想は、速くて強いスライディング。スピードを殺さずに滑り込む。子どもなら、滑りやすい体育館や学校の廊下《ろうか》などで練習するのもおすすめだ。大人になるほど恐怖感を持ちやすいので、子どものころから走塁技術として身につけておきたい。

速くて強くて「近い」スライディングが理想だが、ベースの近くで滑ると、ケガのリスクが出てくる。ただし、クロスプレーでタイミングがアウトと判断したときはあえて近くで滑り、スライディングの勢いでセーフをもぎとることもある。内野手にとっては近くでスライディングをされると恐怖感が生まれ、タッチが甘くなりうる。

私は知らないうちに、右足でも左足でもスライディングができていた。実はプロでも、片方の足でしかできない選手も少なくないが、やはり、場面に応じて使い分けられるのがベスト。例えば二塁盗塁の場合、私は左足を伸ばすストレートスライディングを使っていた。左足を伸ばすと顔が外野側に向き、捕手からの送球がそれても顔面に当たらないからだ。右足を伸ばした場合は、顔が内野側に向くので、送球が顔面に当たるリスクがある。

それで戦線離脱になったら、悔やんでも悔やみきれない。

顔が外野側に向くことによって、捕手の送球が外野にそれたときにすぐに確認することができる。悪送球への反応が素早くなるため、結果的に三塁を陥れられる可能性も高くなる。

また、16年からコリジョンルールが適用され、本塁での捕手のブロックが禁止となった。三塁走者から見ると、ホームベース付近の走路はあいているため、ストレートスライディングが効果的だ。しかしその分、フックスライディングの重要性が減り、技術的な衰えを危惧（きぐ）している。フックスライディングは三塁を陥れるときに必要な技術で、サードの動きを見ながら送球の位置を予想し、タッチをよけながら足でベースに触れる。状況に応じてスライディングを使い分けられてこそ、走塁センスを持った選手なのだ。

タッチアップ時に使える走塁術

走者三塁で外野へのフライというタッチアップの場面。定位置、あるいは定位置よりも前に飛んだフライだと、ホームのタイミングはギリギリとなる。このときに、走者の私が意識したのは、反動をつけてスタートを切ること。例えば、ライトにフライが上がったとして、三塁走者の動きをイメージしてほしい。体を内野側に向けた状態で左足を三塁ベースにつけ、タッチアップの準備をする。このとき、早くスタートを切りたいがために最初から右足に体重を乗せる選手がいるが、こうなると、一歩目の強いスタートができない。

私は左足に体重を乗せた状態で待ち、外野手のフライ捕球に合わせ、左足から右足に体重を移していた。体重移動を利用すると、「動から動」の動きとなり、一歩目を強く切れるのだ。心の中で「助走」をとっている、とでも言えばいいだろうか。

教えられなくても、このような動きを自然に実践している選手もいる。天性の走塁センスのある選手は、動から動のほうが速く走れることを本能的に知っているのだろう。

この技術は、ランナー二塁や一塁からのタッチアップにも使える。草野球などのアマチュア選手の場合でも、「次の塁に早く進みたい」という気持ちは十分にわかるが、最初から前足に体重を乗せず、ベースにつけた後ろ足から前足への体重移動を利用してスタートを切ってみてほしい。間一髪のクロスプレーが、アウトからセーフに変わるかもしれない。

実戦での「準備」が、判断力を高める

何度も触れているように、走塁で最も難しいのは、実戦の中での判断力と言って間違いないだろう。足が速くても、ここに問題があれば、試合で使える足とは言えない。前述し

たように、元チームメイトの荒木雅博選手はこの判断力に長けていた。

走塁センスを生むための判断力を高めるには、準備を大切にすること。準備とは、走者に出た際に、得点差、守備位置、アウトカウント、次打者の打力などをしつこいぐらい確認して、頭に入れておくこと。事前準備をおろそかにすると、状況に適した判断ができなくなる。例えば、3点以上の差で負けている場面で、リスクを冒した走塁は必要ない。走者をためなければいけないのに、ギリギリのタイミングでホームに突っ込んだところで、勝利にはつながらない。点差がある場面では、「自重」がセオリーとなる。

守備位置の確認も重要だ、ランナー二塁で外野手が前進守備を敷いていれば、よほど肩の弱い外野手でなければ、三塁でストップ。後ろに下がって守っていれば、迷わずにホーム突入となる。三塁コーチャーの指示によるところも大きいが、走者も自分の目で状況を確認しておきたい。走者が「ストップ」のつもりで走っているのに、コーチャーが手をグルグル回していた（あるいはその逆）となると、スピードに乗れないものだ。

アウトカウントは、プロ野球選手でもときどき間違えることがある。例えば、1アウト二塁での外野フライで、2アウトと勘違いしていた走者がスタートを切っており併殺《へいさつ》というボーンヘッド。逆に守っている側でも、2アウト目のフライを捕球した外野手が3アウトと勘違いして、ボールをスタンドに投げ入れてしまう珍プレーもあった。わかっている

「つもり」がいちばん勘違いの原因になりやすいので、しっかりと確認をしておく。

アウトカウントによって、ランナーの判断は変わる。例えば、無死二塁で右中間への深いフライが上がった場合。一般的にはノーアウトであればタッチアップ、1アウトであればハーフウェイという約束事がある。なぜなら、ノーアウトからのタッチアップならば、一死三塁を作ることができるからだ。当然、明らかに外野手が落下地点に入っている場合は、ノーアウトでも1アウトでもタッチアップの準備となる。

2アウトの場合に頭に入れておきたいのは、「スイング・ゴー」という考え方だ。投球の軌道を見やすい二塁ランナーが使える走塁術であるが、2ストライク後に打者がストライクゾーンを振りにいっていれば、バットがボールに当たる前にスタートを切っていい。つまり、インパクトよりも前にスタートを切る。空振り三振ならチェンジ、バットに当たれば必然的にランナーは走るため、バッターの結果を待つ必要がない。

二死一、二塁のようにランナーが詰まっているときは、「スイング・ゴー」よりも早いタイミングの「ストライク・ゴー」も可能。2ストライク後、投球がストライクという判断ができれば、その時点でスタートを切って構わない。勇気が必要な走塁だが、状況を見極めて積極的に次の塁を狙うことで、走塁センスが磨かれていく。

最後に、次打者についても触れておこう。ピッチャーが9番打者に入るセ・リーグの試合をイメージしてほしい。二死二塁で8番打者が外野へのヒットを打った場合、100パーセントアウトでない限り、三塁コーチャーは突っ込ませることが多い。とくに序盤で、投手に代打を送る可能性が低いときは、なおさらゴーとなる。

ただ、一方ではこんな考えもある。たとえ、チャンスで投手が打てなくても、9番で打順が終われば、次のイニングは1番打者から始まる。少々暴走気味でも突っ込ませるか、次のイニングを見越してストップさせるか。このあたりはスコアの状況や、監督や三塁コーチャーの考え方によって変わってくるところだ。

次塁を奪うための鉄則は、自分の目で見ること

実戦での走塁判断について、もう少し紹介したい。走塁センスに長けた選手ほど、自分の目で打球や野手の動きを見て、判断していることが圧倒的に多い。わかりやすく言えば、コーチャーに判断をゆだねず、自らの感覚で見極めているということ。

ランナー一塁でエンドランを仕掛け、レフト前へのヒットが生まれたとする。レフトの守備位置は深い。このとき、三塁コーチャーの判断をあおぐ走者がいるが、これはまったく意味がない。レフト前ならば打球を見ることができるので、自分でストップかゴーの決

断をすべきだ。コーチャーを見ると、判断がワンテンポ遅れてしまう。

では、ランナー一塁でのライト前ヒットはどうか。走者の背中側に飛んだ打球なので、レフト前のように目で見るのは難しい。それでも、できるだけ自分で見る意識を持ちたい。見るのが難しいのは、ライト線の打球。ランナー一塁でライト線に長打が飛んだ場合には、三塁で止まるか、本塁に突入するかは、コーチャーの判断に任せるしかない。

これまで、「自分の目で見るべき」と書いてきたが、走塁センスのある選手ほど「見るポイント」を把握している。試合中、走者が打球だけをずっと追い続けることは不可能なので、見るのは、野手が打球を捕る・投げる、カットマンが送球を捕る・投げるところ。すべての瞬間を見るのは難しいが、見る意識を持つことが大切だ。センターやライト側へのゴロに対し、右投げのセンターと左投げのセンターでは三塁への投げやすさが変わり、捕球体勢によっても送球の強さが異なる。守備の隙《すき》を狙って次塁を陥れようとする際も、この辺をしっかり見る。自分の目で見て、判断することで、走塁センスが磨かれる。

走塁は本当に難しい。頭でいくら理解していても、試合の一瞬一瞬で的確な判断が要求される。現役時代の私も、「わかっている」と「できる」は違うことを痛感した。できるようになるには、走塁練習に本気で取り組み、実戦での経験を重ねるしかない。

足の速さは先天的な能力と言えるが、一歩目のスタートやコーナーリング、スライディング、そして、瞬時の判断力などは後天的にも習得できるセンスであり、むしろ実戦的な走塁・盗塁センスとしての重要性は、後者にある。これらは、本書をご覧になっている読者の方々でも、まだまだ十分に磨くことが可能なのだ。

一歩目のスタートセンスに長けた福本豊さん、緒方孝市さん、赤星憲広

走塁センス編の最後は、ほかの章と同じように名選手列伝で締めくくりたい。

本章をつづるにあたり、改めて「歴代盗塁王」を調べたが、やはり13年連続盗塁王の福本豊さん（元阪急ブレーブス）が際立っている。ただ、私よりも20歳以上も先輩で、プレーを直接見た記憶がほとんどなく、語れるものもないのが正直なところだ。

だが、09年に私が引退したあと、「この話をもっと早く知っていれば……！」と思った出来事があった。「世界の盗塁王」であり、プロ野球通算で１０６５個の盗塁を決めている福本豊さんと名球会のイベントでお会いしたときに、なにげなく「福本さんは、どんな感覚でスタートを切っていたんですか？」と尋《たず》ねると、こう教えてくれたのだ。

「ピッチャーの顔を見ながら、左足だけを二塁方向に出したら、足がスムーズに出て、勝手に進む。みんな、低い体勢で走ろうとして顔が下向くから、よけいに力んでしまうんや」

実際に、その場で試すと、福本さんの言葉のとおり。経験の中でつかんでこられた、スタートのセンスなのだろう。盗塁の成否は一歩目のスタート次第。ぜひ、試してみてほしい。

現役時代に戦った中で、やはり強い印象に残っているのが、緒方孝市さんの足。スタート時も中間走も、とにかく速い。これぞ、走りのセンス。本章冒頭の項でもお伝えしたように、2球目以内にガンガン走ってくるので、守備側もある程度の予測はできるが、それでもやられる。緒方さんが一塁に出たら、なかばあきらめモード。相手をそんな気持ちにさせる走者は、そういない。「走ってくる」と思えば、投手はクイックで投げざるをえない。しかも、緒方さんクラスになれば、高い確率でスタートを切るので、いつも以上に「早く投げなければ」という意識が働く。これが投げ急ぎにつながり、制球を乱すこともある。

このように、センスのある俊足ランナーが出塁するだけで、投手は考えなければいけないことが増える。それだけ大きな武器なのだ。

もう1人思い出すのが、01年から05年にかけて5年連続で盗塁王に輝いた赤星憲広選手だ。04年に記録した64盗塁は、ここ30年でナンバーワンの数。足を生かしたセンターの守備も見事だった。赤星選手も、一歩目のスタートセンスに長けていた。どんな感覚でスタートを切っているのか。225ページからの対談でたっぷり聞いているので、ぜひ読んでいただきたい。足で生きてきた赤星選手ならではの逸話が詰まっている。

準備で盗塁センスをつかんだ鈴木尚広《たかひろ》

近年、「代走のスペシャリスト」と大きな脚光を浴びたのが、16年に引退した鈴木尚広《たかひろ》選手（元巨人）だ。11年ごろからおもに代走としての起用が増え、終盤の勝負がかかった場面でバッテリーにプレッシャーを与え、警戒される中で盗塁を決めてきた。

盗塁の通算成績は、成功228、失敗47。成功率8割2分9厘は、200盗塁以上を記録した選手の中ではプロ野球歴代1位。2位は南海で活躍された広瀬叔功《よしのり》さんで、盗塁成功596、失敗123、成功率8割2分8厘9毛。首位打者を争うようなほんのわずかな差だ。

スタートを切る早さ、直線のスピード、近くて速いスライディングと、どのセンスにも優れているのは間違いない。でも、鈴木選手の本当の意味でのすごさを感じるのは、1試合で1度の出番にかけるまでの準備だ。全体練習が始まるかなり前に球場に入り、トレーニングやストレッチを入念にこなし、自らの体の状態を確認する。こうしたルーティンを、年間通して行い続けていた。晩年、私も代打が多かったので、場面を読みながらその一瞬に集中力を研《と》ぎ澄ましていく難しさは十分にわかる。「ここで出番が来る」と予想しても、打順のめぐりや展開によって、違う代打が送られることもある。1試合で4~5打席ある

守備側が警戒する中でもきっちりと仕事をこなした鈴木尚広選手。入念な準備の賜物《たまもの》だ。

スタメンと比べると、心と体の持っていき方が難しかった。

鈴木選手は、若いころは故障がちで、とくに腰を痛めることが多かったようだ。そこからトレーニング論を学び、体のことに興味を持ち、1つずつ自分の弱い部分を克服していった。

先天的に足が速い選手、2〜3年活躍できる選手は多くいる。でも大事なのは、実戦で使える「走塁・盗塁センス」を後天的にでも高め、長く活躍すること。天性の俊足でも、自分の体に興味を持ち、試合に向けてのコンディションを作ることができなければ、宝の持ち腐れだ。

イチロー選手にも共通するが、超一流と呼ばれる人は自身が持つ能力を発揮するために、入念な準備を日々積み重ねている。言うなれば、「準備するセンス」。鈴木選手の素晴らしさは、走るセンスだけでなく、この「準備するセンス」にもあった。

走る意欲が注目の山田哲人、菊池涼介、源田壮亮

「2年連続トリプルスリー」という大偉業を成しとげた山田哲人選手からは、「記録」を目指していることもあるだろうが、走ることへの意欲を感じる。当たり前のことと思うかもしれないが、実は走塁にとって大事なポイントの1つと言えるのだ。どんなに足が速くても、次の塁を狙う貪欲さがなければ、走塁センスは磨かれない。走る意欲が、技術の追

求に発展し、結果的に盗塁数を増やすことにもつながっていく。

菊池涼介選手からも、同じにおいを感じる。ちょっとの隙ものがさぬ野生動物のような姿勢で、常に先の塁を狙っている。広島は伝統的に足の速い選手が多く、機動力を生かして得点をもぎ取るイメージが強い。その土壌が、走る意欲を育てている一面もある。選手も首脳陣も、走ることの価値をしっかりと認識しているのではないか。

菊池選手の走塁で技術的に感心するのは、身のこなしのセンスだ。とくにヘッドスライディングのセンス。「一塁は駆け抜けたほうが速い」とは昔から言われるが、菊池選手はヘッドスライディングのほうが速いのではないか。低く速く、減速せずにベースタッチができている。おそらく、小さいころからヘッドスライディングをやり続けていたのだろう。こうした身のこなしを見ていると、守備で見せるアクロバティックな動きもうなずける。野球センスの塊と言えるが、もう野球選手というくくりを超えて、アスリートという次元。ほかの競技をやっても、一流のプレーヤーになったはずだ。

若手で気になるのは、ルーキーイヤーの17年、開幕からスタメンショートで起用されている、埼玉西武の源田壮亮選手だ。守備が注目されているが、盗塁センスにも優れていて、スタートに迷いがない。プロのスピードに慣れたのか、シーズン当初は課題と思われた打撃でも、安打を重ねている。出塁率が上がれば、おのずと盗塁成功数も増えていくだろう。

第6章　まだある野球センス&まとめ～道具選び・心・体…

――グラブ・バット選びにも野球センスはあらわれる

最後の章では、プレーを補助する様々な野球センスを紹介する。道具選びのセンス、メンタル面のセンス……。そして最後に、トータル的な野球センスの極意をまとめよう。

まず、プレーするために欠かせないのが、グラブ、バットなどの道具。選び方ひとつで技術が上がれば、ミスも起こりうる。ここに野球センスの違いもあらわれる。

では、いいグラブとはなにか。大前提は、グラブの中でボールが浮かないこと。ポケットで捕っても、悪いグラブはウェブ（グラブの親指と人差し指のあいだの網《あみ》の部分）にボールが逃げる。こうなると握り替えに時間がかかり、焦《あせ》って、送球ミスにもつながる。ポケットにボールがしっかりおさまるか。読者の方も、手元にグラブがあれば、確認してもらいたい。

そして、ポジションで選び方や型のつけ方が異なるのが、グラブの奥深さ。私が経験した中で、グラブ作りが最も難しいのがセカンドだった。6－4－3や5－4－3の併殺時《へいさつじ》に、送球を受けたボールを急いで放さなければ、併殺崩《くず》れとなるだけでなく、一塁走者のスライディングにつぶされる恐れがあり、素早い握り替えが求められたのだ。

セカンド用のグラブは、ポケットを2つ作るように心がけた。人差し指の付け根付近に、通常のポケットを1つ。薬指の付け根に、もう1つのポケットを作った。右手で拳《こぶし》を作り、ポケットを作りたい場所をバンバン叩《たた》くのだ。

ライナーやフライ、またはタッチプレーのときは人差し指側のポケット。握り替えが必要なゴロや併殺は薬指側を使う。薬指側は、「捕る」よりは「当てる」感覚に近い。グラブを閉じるのではなく、1枚の板のようなイメージで、「パパン」と当て捕り。ボールのスピードを殺す役目で、グラブを使うのだ。「センスがいい」と評される内野手は総じて、当て捕りがうまい。捕ることと握り替えることが瞬時に行われ、一塁でのクロスプレーがアウトになる。野球少年に知ってほしいのは、捕るべきポケットは1つではないこと。遊びながらでいいので、薬指側のポケットで捕る感覚も身につけてほしい。

レフトを経てサードに移ったとき、初めてグラブを大きくした。ショート用やセカンド用よりも大きい。理由は、バッターボックスからサードまでの距離。ショート、セカンドに慣れ親しんだ私には、恐怖を感じる近さだった。右の強打者、とくに外国人が引っ張る打球は怖《こわ》くて仕方なかった。今であれば、ウラディミール・バレンティン選手（東京ヤクルト）やアルフレド・デスパイネ選手（福岡ソフトバンク）の打球は、見ているだけで恐ろしい。距離が近く、打球も速い。二遊間のように足を使って捕る時間がない。そこで必要になったのが、大きめのグラブ。大きければ、際どい打球も入る可能性が生まれる。足を動かす時間がなくても、手を目いっぱい伸ばせばグラブに入ることもある。

この「極意」シリーズの1冊目『攻撃的守備の極意』（廣済堂出版刊）で、ＰＬ学園高校の後輩・宮本慎也選手と対談をしたが、「ショートで使っていた十字のウェブのグラブは、サードでは違和感があり、守り始めた２００８年のオフに、ピッチャーが使うようなウェブにしました。モデルは武田久（北海道日本ハム）のグラブです」と話していた。打球が強いために、十字のウェブでは隙間《すきま》にボールがはさまることがあるためだ。ただ、隙間のない投手用のウェブを、彼が使っていたとは驚いた。守備センスに長《た》けた「名手」と呼ばれる達人でも、ポジションに適した究極のグラブを求め続けていたのだ。

そして、一流選手の場合、手入れはもちろん、持ち運びにもこだわる。中日時代の後輩・井端弘和選手は、移動時はジュラルミンケースに入れて、持ち運んでいた。最初は、チームメイトの誰もが驚いた。グラブの上に重い荷物が乗るだけでも、グラブの型は崩れる。革《かわ》はそれだけ繊細で、生きているということ。長く使えば使うほど、愛着も生まれる。

続いては、バット選びのセンス。17年のＷＢＣで打率4割5分0厘と大活躍を見せた、巨人の小林誠司選手。チームの井端コーチのバットを借りて打ったという。実は、こういう成功例はけっこうある。調子が出ないときに、気分転換でほかの選手のバットを使うと、気持ちも新鮮になり、結果に結びつく。ただ、長続きはしないが……。

私がバット選びで重視したのは、振り抜きやすさ。スイング時に重くも軽くもなく、ヘッドの重さが利いたバットを選んだ。年齢とともに変わったのが、重さへの感覚。晩年、代打に回ってからは、軽いバットを好んだ。5～10グラム程度だが、体力的にも筋力的にも衰えを感じたので、軽くして、スイングを速くする狙《ねら》いがあった。

グリップの太さを変えることでも、振り抜きやすさは変わる。細くすれば、グリップ側が軽くなる分、ヘッドバランスになるため、遠心力を利かせたい長距離打者用のバットになる。夏場に疲労がたまると、軽めのバットを使ったり、グリップが太いバットを使ったりと、自分のコンディションを見ながらバットを替えることもあった。

ネクストバッターズサークルに滑り止め用の松ヤニが置いてあるが、バットの長さの半分ぐらいまで上にシューッとかける選手がいる。滑り止めの効果が薄れたときに、上のほうに塗《ぬ》った松ヤニを手に取り、グリップに塗り直すのだ。これで、タイムをとって、ネクストサークルに松ヤニを取りに行く手間が省ける。ちなみにルールでは、グリップエンドから18インチ（約45センチ）を超えて、松ヤニを塗ってはいけない。バットの芯《しん》部分に松ヤニを塗ると、バットとボールの食いつきが良くなり、打球が飛びやすくなるからだ。

不正打球につながりかねないので、ルールで規制されているが、観戦の際、プロ野球選手の松ヤニの塗り方に注目するのも面白い。

野球センスに結びつく「メンタルの強さ」を得る方法

勝負どころで結果を出せば、「メンタルが強い」。土壇場で消極的なミスをすると、「メンタルが弱い」。結果と抱き合わせで論じられがちなメンタル面を高められるか否《いな》かも、野球センスに直結する。私のメンタルが強かったかはわからないが、心がけていたのは、戦う前の準備をしっかりと行うこと。まず、いちばん大事なのは練習だ。「これだけやったんだ」という自信を持っていなければ、ここ一番で力を発揮できない。自分をどこまで信じられるか。己《おのれ》を信じられれば、おのずと結果はついてくるはずだ。

また、30歳を過ぎて、腰痛に苦しむようになってからは、時間をかけて風呂上がりのストレッチを行った。年齢を重ねると、いろいろなところに痛みが出てくる。年齢には逆らえない。ストレッチに取り組むことも、戦いに向けての準備となった。

試合前には相手のデータも、頭に入れる。相手投手の持ち球、決め球、首を振ったあとに投げる球種、ヒットを打たれた次の打席での入り方など、もちろん捕手との組み合わせにもよるが、戦う前に情報を整理する。ただプロ野球界では、データ量が多すぎて、迷うこともある。だから、時にはデータを捨て、自分の経験や直感を信じることも大事だ。この辺は、バランス感覚や総合的な野球センスが求められる。

入念な準備は、何事にも動じない強いメンタルにもつながり、その局面のプレーに集中できる。人が不安を感じるのは、過去の失敗を引きずったり、未来を考えてしまうこと。「ミスしたらどうしよう」という思考は、すべて未来のもの。心配しても、いい結果にならない。

大切なのは、今、なにをすべきか。打者ならば、目の前の投手にどれだけ集中できるか。そのために、様々なルーティンを取り入れている選手もいる。15年ラグビーワールドカップで活躍した五《ご》郎《ろう》丸《まる》歩《あゆむ》選手のルーティンは、日本中で話題になった。ルーティンをやることで、過去と未来の不安を吹き払い、今に向かうことができる。

センスのあるプレーを生む「体の使い方・トレーニング」

メンタル（心）の次は、体の話。野球センスにあふれた選手に共通するのは、身のこなしのうまさだ。動きが柔らかく、美しい。ボテボテのゴロを華麗なランニングスローでさばいたり、変化球に泳がされながら片手一本で拾えるのも、身のこなしに長けているからだ。

体を動かす中で、私が常に意識していたのは「軸」。PL学園時代、当時の中村順司監督（現名古屋商科大学総監督）から毎日のように教えられてきた考え方だ。走る、投げる、捕る、打つ。野球におけるすべての局面で、軸を大切にする。よく耳にする「体幹《たいかん》トレーニング」は、軸を安定させるためのトレーニングとも考えられる。胴体、腹筋、背筋などを鍛えることで、姿勢を保持。体全体のバランスがとられ、プレーにも役立つ。

例えば、構えたときに猫背になったり、どちらかの肩が極端に下がっていたりすると、スムーズな回転動作は生まれない。投げるときも、背中が丸まっていたら、利き腕のヒジは上がりづらくなる。こうした軸の意識が、身のこなしにもつながる。案外、自分では気づかないことも多いため、自身のプレー映像を確認してみるのもいいだろう。

野球センスを感じさせるユニフォームの着こなし方

プロ野球選手を見ると、ユニフォームを格好良く着こなす選手が圧倒的に多い。シルエットも美しく、足の長いモデル体型の選手も増えてきたと感じる。大谷翔平選手や坂本勇人選手らの人気が高いのは、着こなしの格好良さも関係しているのではないか。

「野球センスの有無は、ユニフォームの着方でわかる」と言う人もいるほど、ユニフォームとセンスの関係は深い。なぜ、プロ選手は格好良く見えるかと言えば、上半身ならば背筋や肩の筋肉、下半身ならば尻から太ももにかけての筋肉が発達し、体全体に厚みがある

193センチという長身でありながら、か細い雰囲気をまったく感じさせない大谷翔平選手。

からだ。芸能人がテレビ番組の野球企画でユニフォームを着ると、体が細すぎて、ひ弱な感じを与えるときもある。プロの場合はS・M・L・Oといったざっくりとしたサイズではなく、1人ひとりの体をしっかりと採寸し、オーダーメイドのユニフォームを着用する。これも、格好良く見える1つの理由と言える。もし、センス良く着こなしたいなら、体を鍛えるか、予算が許すなら、オーダーメイドだ。

体は背筋、尻、ハムストリングス（大腿《だいたい》後面の筋肉）など、「アクセル筋」と呼ばれる後ろ側の筋肉を鍛えると、野球のパフォーマンスアップにもつながる。ジムなどで軽いバーベルを持ってのスクワットなどが効果的。ズボンのポケットにタオルを入れて尻を大きくし、体全体のシルエットを格好良く見せる裏ワザもある。

最近のプロ野球では……と言っても、もう10年以上前からになるだろうか、ズボンの裾《すそ》をダラッと下げたパンタロンのようなスタイルが主流だ。昔の人からすると「みっともない」という意見もあるようだが、やっている選手からすると、ラクで動きやすい。私が若いころのスタイル（ストッキングを見せる、今のオールドスタイルとは別のもの）では、アンダーストッキングの上にもう1枚ストッキングを履《は》き、ストッキング留めで固定していた。ゴムできつく留《と》めるために、血流が悪くなり、しんどい。試合の序盤はいいが、終盤になると、ふくらはぎに疲れが溜《た》まる感覚があった。

球場観戦でのセンスある楽しみ方

近年、「カープ女子」に代表されるように、女性ファンが増えてきたプロ野球界。好みの選手を見つけ、一挙手一投足に注目するのも女性らしい楽しみ方と言える。女性が「格好いい！」と感じる選手は、動きの軽やかさであったり、シルエットの美しさであったり、立ち姿にオーラがあったりと、センスがにじみ出ているはずだ。

球場での玄人《くろうと》的な、ある意味「センスある観戦法」の1つは、ネクストバッターズサークルでの動きに注目すること。イチロー選手がゴルファーのようにスイングするのは有名だが、自分自身が意識したいことを実践している選手が多い。えてして、打席内でのスイングとは違うもの。ネクストでの振りから、なにを意識しているのかが見えることもある。

私はというと、おもり（輪っか）をはめたマスコットバットを軽く振り、体をほぐすことが多かった。重いバットを振っておけば、実戦で使うバットが軽く感じられる。

また、17年WBCの東京ドームでの試合で感じたことだが、相手国の攻撃中にトランペットの応援がなく、打球音が球場中に響き渡った。芯でとらえたときの「カン！」という木製バットの甲高《かんだか》い音は美しいが、普段のプロ野球で耳にする機会は少ない。以前は「球音を楽しむ日」といってトランペットを吹かない日があり、現在では一部の球場で鳴り物が原則禁止にもなっている。音だけでなく、選手やベンチからの指示の声が聞こえることもあり、今までとは違った野球の面白さに気づけるかもしれない。

指導者次第で変わるセンス、球界以外からも学べるセンス

選手の野球センス向上に関係する立場の監督・コーチら指導者たちについても触れたい。プレーヤーにとって良い指導者とは、やはり個人個人のセンスを開花させ、能力を高めてくれる人になるだろう。プレーをするのは選手だが、指導者からのアドバイスで、潜在能力・センスが花開くことは十分にある。それだけ、影響は大きいと言える。

調子がいいときのフォームを指導者が覚えておいてくれると、選手は非常にありがたい。調子が落ちたときに、「いいときと比べて、ステップが広い」など、指摘してもらえるからだ。手取り足取り教えることが指導ではなく、「見て、気づく」ことも、監督・コーチらにとっては大事な資質。ある意味、「指導センス」と言えるかもしれない。

私がいたころのＰＬ学園は全体練習が2～3時間と短く、あとは自主練習。上級生になれば、自分自身でやりたい練習が出てくるので、課題を克服するための時間として使えた。

そういった意味で、全体練習にも個人練習にもバランス良く取り組めたPL学園のシステムは効率的だった。高校野球は全体練習が長くなりがちだが、あえて個人練習に重点を置き、各自の能力や野球センスを高めることも必要だろう。

また、時代の変化もあり、最近は厳しい指導が難しくなった。指導者が少しでも手を出せば、「体罰」で謹慎処分。もちろん許されないことだが、「悪いことは悪い」としっかり叱《しか》る（怒るではない）のは、指導者に必要なこと。挨拶《あいさつ》や上下関係など、日本人が大切にしてきたマナーや文化を、野球を通して伝えてほしいと願っている。

また、私は現役を引退後、他競技の取材に足を運ぶ機会にも恵まれた。その中でいちばん驚き、刺激を受けたのが、至学館《しがくかん》大学の女子レスリング部だ。吉田沙保里《さおり》選手はじめ、何人もの五輪金メダリストが汗を流す、女子レスリング界の「虎の穴」だ。

とにかく、練習量が半端《はんぱ》ない。しかも、狭い道場で行うため、常に指導者の目が光り、練習をさぼれない。広い野球場の場合は、指導者の目を盗んでちょっと休憩《きゅうけい》……ということもあるが、道場では休む選手など誰もおらず、一心不乱に練習に打ち込んでいた。

また、女子ソフトボール日本代表を取材したこともあるが、プロ野球の練習よりもハードだった。ここまで頑張れるのも、「オリンピックで金メダルを獲《と》る」という目標があるからだろう。日本代表に選ばれることが目標ではなく、その先の世界を見据《みす》えて戦っている。

日本プロ野球の世界では、12球団プレーヤーの一員になれたことに満足し、先の目標がなかなか見つからない若手もいる。ファームですごす時間が長くなると、その空気に染まり、「ファーム慣れ」してしまう選手もいる。大谷翔平選手は目標を書いた紙を、常に目に入るようにロッカールームに貼っているらしい。人間は忘れやすい生き物だけに、紙に書き、いつも見えるところに貼るというのは、とてもいい取り組みだ。

漠然《ばくぜん》とすごす1日は、もったいない。明確な目標を、どれだけ持ち続けられるか。他競技の選手から、定めた目標へ強い気持ちで向かうことの大切さを教えてもらい、これらの姿勢が野球選手にとってのセンス習得や開花にもつながるのではないかと実感した。

草野球選手が野球センスを磨く方法

読者の中には、草野球で頑張っている方も多いだろう。仕事をしながら、休日の野球を楽しんでいるケースがほとんどだと思うので、「猛練習で、うまくなる」というステップはなかなか難しく思える。しかし、手っ取り早く、野球センスにあふれるプレーをみんなの前で披露し、尊敬のまなざしで見られたいという欲望もあるのではないか。

ここまでの本書の中でも、草野球プレーヤーに向けて、いくつか手軽にできるセンス習得法をレクチャーしてきたが、もう1つ私がアドバイスするとしたら、「自分の武器を知る」こと。「武器＝得意なプレー」と考えてもいい。例えば打撃ならば、内角、外角のどちらが得意か、速球、あるいはゆるい球や変化球が好きか、人それぞれ、得意不得意があるはず。内角が得意で外角が苦手なのに、初球から外角に手を出すのはもったいない。追い込まれるまでは、好きなコースを狙い続けるのも、試合で活躍するための1つの方法だ。その代わり、そこに来たボールは打ち損じなくとらえること。1打席に1球、ないし2球あるかないかのチャンスを、好球必打で仕留めたい。

守備であれば、例えばショートを守っているなら、三遊間寄り、二遊間寄りのどちらが強いか、自分自身でなんとなくわかっているはずだ。ミスが起きやすいのはどちらの打球なのか。もし、三遊間が苦手ならば、あらかじめ三遊間に寄り、得意な二遊間側の守備範囲を広めにとる方法もある。すべてのプレーを完璧《かんぺき》にこなすのは、プロ野球選手でも難しい。だからこそ、それぞれの強みを生かしたプレーで勝負をしなければいけない。

草野球において、打撃、守備、走塁、ピッチングのいずれかでも、もし輝きを放つ特別なプレーが1つできれば、それはもう間違いなく、「野球センスのある選手」だ。本書を読んでくれた野球少年や草野球プレーヤーのみなさんにも、まだまだチャンスはある。ぜひセンスあふれる選手を目指していただき、野球をさらに好きになってもらいたい。

憧《あこが》れの「野球センスあふれる選手」になるための極意まとめ

ここまで、野球センスの理論を様々な視点から展開し、後天的な習得法も説明してきた。野球は、「走攻守」と大別されるように走塁、打撃、守備の要素があり、その中にも、本書で解説したように細分化された項目が存在する。走塁では、単に速く走るだけでなく、次の塁を狙う意識、技術に裏打ちされた盗塁、理にかなったスライディングなど。打撃であれば、タイミングのとり方、バットコントロール、ボールへの力の伝え方、状況に応じたバッティングなど。また、守備なら、グラブさばきやスローイング、バッテリーに関する様々な能力などが挙げられる。効果的なトレーニング、パフォーマンスを最大限に引き出す道具選び、そしてプロなら魅《み》せるプレーへのこだわりも重要なポイントだ。

これらの要素は、1つ、2つではなく、少しでも多く携《たずさ》えたい。パワーや技術にインテリジェンスも加え、総合的にレベルを上げられるほど、イチロー選手のようなマルチプレーヤーや大谷翔平選手のような二刀流プレーヤーなど、より高い境地の「野球センスあふれる選手」へと近づく。この先も、野球センスあふれる選手たちが1人でも多くグラウンドで躍動することを、ファンのみなさんと一緒に楽しみにしたいと思っている。

特別対談 Part3

赤星憲広 × 立浪和義

走塁センス論・野球センス総括 &「センス」ベストナイン選定

「盗塁王・赤星」と語り合う走塁センス

「コーチャーに頼りすぎのランナーが多い」――立浪

「視野の広さこそが、走塁センス、野球センスだと思います」――赤星

立浪 久しぶり。さすがに、今でも足が速そうな体型をしとるな。

赤星 ありがとうございます。憧《あこが》れの立浪さんから声をかけていただき、緊張しています。

立浪 なに言うてんの(笑)。

赤星 いや、本当なんですよ。立浪さんは、僕の中のヒーローなんです。年齢が7つ上なので、僕が小学校5年生のときに、立浪さんがPL学園高校の3年生。当時は僕もショートをやっていて、右投左打だったので、かなり憧れていました。

立浪 それは、ありがとう。赤星は亜細亜大学の出身で、井端（弘和）は先輩だよね？

赤星 1つ上の先輩です。1年生のときは、寮で井端さんと同じ部屋でした。

立浪 理不尽なことされなかったか？(笑)。

赤星 いえ、いっさいなかったですね。

立浪 この本のテーマが野球センスなんだけど、井端には大学のときからセンスを感じた？

赤星　ええ。いちばんよく覚えているのは、確か僕が2年生のときの試合です。僕がライトにいて、井端さんはセカンドを守っていました。ライト前にゆるいフライが上がったんですが、前に突っ込んだ僕が後ろにそらしてしまったんです。「やばい!」と思って振り向くと、そこにいたのがセカンドの井端さんでした。自分の目を疑いましたね。井端さんに聞くと、「やると思ったよ」と平然と言うわけです。こういった「読み」も、野球センス、守備センスの1つですよね。

立浪　確かに、先のプレーを読めるのも野球センスだよな。さっそく、いいエピソードをありがとう。赤星に、締めの対談をお願いして良かったわ。

赤星　こちらこそ、です。

立浪　赤星と言えば、走塁。この対談では、赤星の専門分野である走塁のセンスについてはもちろん、本の締めとなるような、トータル的な野球センスについての総括話などができればと思っているよ。まずは、赤星の考える走塁センスとはなんだろう?

赤星　これは走塁に限らず言えることですが、「野球センス=視野の広さ」だと思っています。今の井端さんの話も、視野の広さによってできたプレーですよね。守備でもバッティングでも、広い視野を持って、様々な情報を得ることができる選手はセンスがいい。バッティングであれば、サードのポジショニングを見て、セーフティーバントをしたり……。

立浪　それは俺がサードを守っていたときのことやろ！(笑)。赤星にはよく狙《ねら》われたよな。

赤星　立浪さんの目から、「やるなよ！」というプレッシャーを感じて、セーフティーバントをしなかったときもありますす(笑)。

立浪　こうした視野の広さが、走塁に生きる。その考えは、アマチュア時代から持っていた？

赤星　ありましたね。技術がそこまでなかったので、自分が生き残るためには、頭で考えるしかないと思っていました。

立浪　視野の広さを生み出すには、なにが必要だろう？

赤星　事前のシミュレーションがどれだけできるか、言い換えれば「準備」ですね。自分の阪神での現役時代のことを思い出すと、例えば僕が一塁ランナーで、打席には現監督の金本《かねもと》（知憲《ともあき》）さんが入っていたとします。打球がどのあたりに飛んでいくのか、頭でイメージをしておく。そのためには、その日の金本さんのバッティングの状態を知る必要があるわけです。だから、フリーバッティングのときから、常にチームメイトの調子を見るようにしていました。調子が良ければ、ライト方向への強い当たりがあるけれど、調子が悪ければ、引っ張りきれずにレフト側の打球が増えるかもしれない。

立浪　すごいな〜。俺はそこまで考えたことがなかったわ。

赤星　僕のイメージは、盗塁に関するものが強いと思いますけど、もっと広く、走塁全体

甲子園球場で、試合前の練習の合間に談笑する著者と赤星憲広選手(2008年8月)。

に対して取り組んでいました。意識していたのは、いかにホームベースを踏むか。具体的に言えば、1年間の得点数で、目標は100得点でした。1度しか達成できませんでしたけど（2005年に119得点。達成当時、歴代9位タイ。現在は10位タイ）。

立浪　走塁でいちばん難しいのが、内野と外野のあいだに上がったフライだと思うんだけど、ああいうプレーこそ、走塁センスが出るよな。赤星はどうやって判断していた？

赤星　やっぱり、これも準備ですね。相手がどこを守っているのか、守備範囲はどの程度なのか、この外野手ならこの打球に追いつけるのかなど、出塁したときだけじゃなく、試合前から様々なことを考えていました。

立浪　「この外野手との戦いは面白かった！」と思った外野手はいた？

赤星　強かったときのドラゴンズですね。ライトに福留《ふくどめ》孝介がいて、センターにアレックス（・オチョア）がいて、頭の上も野手のあいだも、なかなか抜けなかった印象があります。なにがすごいかって、ランナー一塁でライトに飛ぶと、「孝介だから」という理由で、三塁を狙えなくなってしまうことです。

立浪　行けるタイミングなのに、「ストップ」を指示していた三塁コーチャーも多かった。

赤星　そうなんです。孝介の肩には、抑止力がありました。これも、外野手のセンスですね。

立浪　最近、コーチャーを頼りにしすぎるランナーが増えていない？　ランナー一塁からのセンター前ヒットなのに、二塁手前で三塁コーチャーを見ている。自分で判断しない。
赤星　「好走と暴走は紙一重」と言いますけど、次の塁を狙わなければ、なにも起きません。ただ、これはチームの方針もあると思うんですよね。監督やコーチが、「アウトになっても、こっちが責任を取る」と言ってくれれば、積極的な走塁ができるはずなんですが。
立浪　確かにそのとおりやね。
赤星　16年5月の阪神対広島の試合で、いい意味で印象的な走塁がありました。レフト前ヒットで一塁ランナーの野間《のま》（峻祥《たかよし》）が一気に三塁へ。三塁コーチャーを見ずに、ノンストップで走っていました。サードに行かせるレフトにも問題があるんですが……。
立浪　レフトは誰やったの？
赤星　髙山《たかやま》（俊《しゅん》）ですね……。若干《じゃっかん》、左中間寄りのゴロだったんですが、髙山がボールに正対して捕ったんです。「チャージをしてこない」と、広島側は事前にわかっていたのでは。
立浪　16年シーズンでとくに感じたことだけど、広島はランナー一塁からワンヒットで三塁に行ける選手が多い。二塁で止まるか、三塁まで行けるかは、大きな違いがある。
赤星　伝統的に、広島は走塁の意識が高いですよね。積極的な走塁を認めているチームでもあります。16年はセ・リーグ1位の盗塁数でしたが、実は失敗も1位（成功118、失敗52）。それだけ、仕掛けていたということになります。

盗塁を決めるためのセンス

「キャッチャーのサインを見て、配球を読んでいました」──赤星
×
「打者が追い込まれる前に走ってくれると、ありがたい」──立浪

立浪 赤星は9年間で通算381盗塁、さらには5年連続盗塁王。とにかく速かったな。

赤星 いちばん速いときで、50メートルは5秒5でした。

立浪 速すぎや(笑)。対戦していても、アウトにできる感じがしなかったな。あの谷繁(元信)も、力《りき》んでいた。「足が速い」だけで、キャッチャーはよけいな力が入るんだろうね。

赤星 そうですね。あれだけ捕ってから速くて、コントロールがいい谷繁さんでも、僕のときはワンバウンドが多かったように思います。

立浪 盗塁に関して、誰かの影響を受けたりとか、学んだりした先輩はいたの?

赤星 基本的には独学です。ただ、福本(豊)さんの映像はよく見ていましたね。「世界の盗塁王」ですから、映像を見ることで、なにか学べることがあると思ったんです。実はプロに入ってから福本さんに教わったこともあるんですけど、感覚がすごすぎて、ついていけませんでした……。ピッチャーのクセのことを聞いたときに、「背中見てりゃ、わか

るやろ?」と言われたんですけど、わかりませんって(笑)。

立浪 普通の感覚だったら、世界の盗塁王にはなっていないかもな。福本さんはご自分でも気づいていないような野球センス、走塁・盗塁センスを持っていたのかもしれないね。独自に学んできた中で、盗塁を決めるためのポイントはどんなふうに考えていた?

赤星 一塁に出塁したときに、一瞬のうちにどれぐらいの情報量を入手し、行動に移せるか。ピッチャーのセットポジションの間合い、配球、キャッチャーのサインなどから判断し、成功率を高めることを考えていました。そして、打者のことを考え、2球以内には走る。

立浪 それは、打者としてはありがたい。盗塁を待つうちに、追い込まれることもあるから。

赤星 警戒される中でも、2球目までには走ろうと決めていました。

立浪 俺も、キャッチャーのサインをたまに見ていたけど、けっこうわかる?

赤星 ランナーが二塁に行くとサインが複雑になりますが、一塁のときは意外とわかりやすいですよね。ランナーに出たときはキャッチャーのサインをすべて覚えて、ベンチに戻ったときに、裏にあるホワイトボードに書き出していました。

立浪 なるほど。書き出すことで、法則性が見えてくる。

赤星 はい、守備が終わってベンチに戻るたびに、ホワイトボードを見ていました。これで、だいたいわかります。変化球のときに走ったほうが絶対に成功の確率は上がりますから、サインがわかるかどうかはかなり重要でした。当時はランナーからの伝達が禁止されていなかったので、「出してほしい」という選手には、塁上から球種のサインを送っていました。

立浪　赤星はベース際のスライディングも速かったけど、どっちの足を伸ばすか決めていた？

赤星　両方できるんですけど、二盗で右足を伸ばして滑ったらキャッチャーからの送球が顔面に当たって、三塁に行けなかったことがあったんです。そこから、左足を伸ばすスライディングに変えました。左足を伸ばせば捕手方向に背中が向くので、顔には当たりません。外野の方向に視線が向くので、送球がそれたときにすぐに反応ができる利点もありました。

立浪　二遊間経験からわかるけど、外野にボールがそれているのに、ごまかす野手もいるね。

赤星　そういうこともあるので、野手の動きを見ないようにしていましたね。ボールのゆくえだけを見る。それができれば、騙《だま》されません。

立浪　さすが、赤星！

赤星　外野手のフェイクも、そうですよね。頭上を越えてフェンス直撃の当たりに対して、落下地点に入ったフリをしてランナーを惑わせるプレーですけど、あれも野手の動きだけ見てしまうと、騙されます。僕もよくやっていたので、わかるんです（笑）。

立浪　引っかかるランナーも、けっこう多いよな。

赤星　僕は、フェイクをしながら、ランナーの動きを見てました。それで、「こいつは引っかかるな」と確信できるときもありましたね。

立浪　引っかけたときは、外野手として快感やろうね。そういうことを仕掛けるのも、引っかからないようにするのも、野球センス。フェイクをやりやすい球場とかあった？

赤星　フェンスが高い球場はやりやすかったですね。とくにナゴヤドームや横浜スタジアム。逆に、神宮球場のようにフェンスが低い球場は難しかったです。フェイクをやったら、そのままフェンスを越えて、ホームランということもありました（笑）。

球場別対策、道具へのこだわりと、現役ランナーへの評価

「赤星のために甲子園では走路を固めていたって、本当？」――立浪

×

「話が盛《も》られています（笑）。それだと走力のある相手が有利なので」――赤星

立浪　盗塁の話に戻るけど、人工芝と土のグラウンドでは、走る感覚は違ったの？

赤星　ええ、全然違いますね。僕は通算の盗塁成功率が8割ちょっと（8割1分2厘）なんですけど、人工芝の球場に限れば、成功率は9割を超えているはずです。

立浪　それはすごい！

赤星　逆に、土のグラウンド、とくに雨が降ったときの甲子園はきつかったですね。一歩

走るたびに足が持っていかれる感じがあったので、モーションが相当大きいピッチャーでなければ、なかなかスタートは切れませんでした。
立浪　「赤星が走りやすくするために、甲子園球場では、一塁から二塁の走路を固めていた」なんて話も聞くんだけど、あれ本当なの？
赤星　よく言われるんですけど、話が盛《も》られていますね(笑)。当時の阪神で、盗塁を仕掛けるのは、僕だけでした。でも、例えば対戦相手が広島だと、走れる選手が4、5人いて、うちより走力が高い。実際に走路を固めていたこともあるんですが、それだと、阪神ではなく、相手の広島に有利になってしまうんですよ。それはおかしいでしょう、と(笑)。
立浪　確かに(笑)。
赤星　あと、もう1つ、土を固めると、打球が跳《は》ねやすくなります。ファーストの（ジョージ・）アリアスや（アンディ・）シーツは守備に自信があったようで「問題ない」と言っていたんですが、セカンドを守っていた、立浪さんのPL学園の後輩が……。
立浪　誰だ……？　今岡（誠）か(笑)。
赤星　はい(笑)。今岡さんが「俺は無理」と言っていたので、「それなら、固くするのはやめましょう」となったんです。実際に固くしたのは、本当にちょっとの期間なんですよ。
立浪　その裏話は知らなかったわ。聞いてみるもんやね(笑)。あと、走るために重要なス

赤星憲広選手は、現役9年間で通算381盗塁。歴代9位タイ(2016年終了時点)の記録だ。

パイクに関しては、人工芝と土でどんなふうに変えていた？

赤星　試合用のスパイクは5足。1足はどこでも使えるオールラウンダーで、残りの4足は球場の特性に合わせて、刃《は》の長さを変えていました。ナゴヤドームと神宮球場がちょっと固めの人工芝だったので、通常の刃を3分の1ぐらいにカットした短い刃のスパイクを履《は》いていました。刃の長さがいちばん長いのが甲子園用で、広島はそれよりも少し短めでした。

立浪　そこまでこだわったからこそ、盗塁王を獲《と》れたんだろうな。ちなみに、刃の本数は？

赤星　前が3本、後ろが3本の6本刃。刃が多すぎると、逆に引っかかって、走りづらいです。

立浪　よくわかる。俺も刃を増やしたことあったけど、足への負担が強い。それに、自分の刃で守備位置を荒らしていることに気づいて、やめた。スパイクの持ちはいいほうだった？

赤星　基本的には1シーズンは履くようにしていました。スパイクを替えると、足のフィット感が変わるので。だから、替えるにしても刃だけで。刃は短くなる前に替えてましたね。

立浪　道具の話になったので、もう少し、そのこだわりを聞かせてもらいたい。道具選びも、センスがあらわれる部分だから。今日、バッティンググローブを持ってきてくれたんでしょう？

赤星　はい、持ってきました。

立浪　赤が目立つなぁ。デザインにこだわっているな（笑）。

赤星　でも、年数を重ねるにつれて、白の割合を増やしたのも使ってました。最初のころの赤すぎたのが、ちょっと恥ずかしくなってきて(笑)。バッティンググローブは、かなり薄かったと思います。破れてしまったり、汗で縮んでしまったりするので、1日1個のペースで使っていました。メーカーには、かなりの負担をかけてしまったと思います。

立浪 俺も同じだな。

赤星 少し厚めですね。素手に近い感覚で打ちたかったからね。走塁用の手袋はどう?

立浪 指のケガを防止する理由とかで、手に手袋を握っている選手もいるよね?

ケガをしないように。ベースランニングのときも、しっかりとはめて走っていました。ヘッドスライディングで帰塁したとき、ファーストに踏まれても

赤星 僕はあのメリットがよくわからなくて、やったことがなかったですね。

立浪 あと、ほかの選手から感じる走塁センスについても、聞かせてもらおうかな。赤星の厳しい目から見て、今の現役の中で、走塁センスを感じる選手はいる?

赤星 う〜ん、正直、「これは、すごいな」と感じる選手の名前はなかなか出てきません。

立浪 判断力という点では、ドラゴンズで一緒にやっていた荒木(雅博)は優れていると思うな。若手だと、北海道日本ハムの西川遥輝《はるき》はどう? 盗塁王(14年)も獲《と》っている。

赤星 西川は盗塁をできる走力を持っていますし、次の塁を狙う思いきりの良さもありますよね。現役の中では、持っている走塁センスはトップクラスと言えるでしょうね。

立浪 トリプルスリーの東京ヤクルト・山田哲人は?

赤星　盗塁を決める力や意欲は感じますけど、どうしても打順との兼ね合いで、自重する場面が多いかなと思います。１番に据《す》えられれば、盗塁数は伸びるでしょうけれど、チーム事情からはやっぱり、３番、４番といったクリーンアップを任されることになりますよね。

立浪　そうだよな。あと、１年目の埼玉西武・源田壮亮はスピードがあって、積極的に見える。

赤星　思いきりの良さがありますよね。これからもっと警戒されてくると思うので、そのときにどんな走りをするのか、見てみたいですね。

野球センス総括！　達人の目が認めた投手・捕手のセンス

「足の上げ方などでタイミングをずらすのも、投手センス」――赤星

「今のキャッチャーとランナーは、昔ほどの駆け引きがない」――立浪

立浪　ここからは、走塁以外のセンスも含めて、全体的な野球センスの話をしようか。まずは、ピッチャーのセンス。ランナー赤星から見て、センスを感じるピッチャーはいた？

赤星　ランナーが出たときの対応のセンスという面では、いろいろと考えてやっているなと思ったのが、巨人の内海《うつみ》（哲也《てつや》）ですね。走りづらいピッチャーでした。

立浪　どのあたりが？

赤星　クイックがうまいんですけど、そのクイックに頼らずに、セットポジションでボールを持つ時間を変えるんです。同じリズムで投げない。リズムが一定のピッチャーは、スタートが切りやすいんです。セットポジションのあいだも、だいたいが2パターン。変化球のときはセットから1・5秒で、ストレートのときは3秒で投げるとか、球種による違いもありました。これが、内海の場合は数パターンを持っていて、うまく組み合わせていました。

立浪　今はクイックの技術が上がっているから、「クイックで投げておけばいい」と考えるピッチャーも多いだろうね。でも、内海はそこだけに頼らずに、様々な間合いを使ってくる。

赤星　阪神のピッチャーには、「セットポジションの間《ま》を変えるだけで、スタートを切りづらくなるから」というアドバイスを、いつもしていました。

立浪　そういうチーム全体のことを考えて貢献できるのも、1つの野球センスなんやろね。ほかの現役のピッチャーだと、どうだろう？

赤星　巨人の菅野（智之）も間を変えるのがうまいですね。投球面はもちろん、牽制《けんせい》やフィールディングも器用ですよ。打撃でも手を抜かず、送りバントはしっかり決めますし、勝利への強い思いや全体的な野球センスも感じさせます。やっぱり、勝っているピッチャーは、このあたりの意識が高いですね。

立浪　ランナーとかまわりに気をつかいながらも、自分のピッチングができる。勝っているピッチャーの共通点と言えるだろうな。じゃあ、「ランナー・赤星」の視点じゃなく、「バッター・赤星」としてセンスを感じるピッチャーは誰になるだろう？

赤星 前足を着くまでの間《ま》を微妙に変えてくるピッチャーには、センスを感じますね。足を上げる早さを変えたり、着地の時間をずらしたり、こうなるとタイミングがとりづらくなります。今、僕が思い浮かんだのは、メジャーに行く前の広島時代の黒田（博樹《ひろき》）さんです。「剛腕」のイメージがありましたけど、足の上げ方を変えるなどして、タイミングをずらしていたように感じます。こういうことができるのも、ピッチャーのセンスですよね。

立浪 次は、キャッチャーのセンスについて。今のキャッチャーを、どんなふうに見ている？

赤星 正直、僕が現役でやっていたころと比べると、レベルは落ちていると思います。

立浪 同感。古田（敦也）さんがいて、谷繁がいて、阿部（慎之助）の肩も良かったからね。

赤星 対戦していて、駆け引きの面白さを感じたのは、やっぱり谷繁さんですね。僕が一塁ランナーにいるときに、牽制が来ると思っていた初球に、いきなりゆるいカーブを投げさせるんです。走っていればセーフだったのに、牽制を警戒していて、スタートが切れませんでした。「やられた！」と思って谷繁さんを見ると、目が合ってニヤっとするんですよ（笑）。

立浪 谷繁らしいな（笑）。今のキャッチャーとランナーが、そういう駆け引きをしているのかと考えると、昔ほどはできていないのかもしれないな。

赤星　そう思います。ただ、盗塁に関しては、キャッチャーとの勝負というよりは、対ピッチャーを考えていました。クイックがこの秒数で、セットポジションのリズムが一定であれば、どれだけ強肩で野球センスのいいキャッチャーでも、絶対に盗塁は決まります。

立浪　それは、足に自信がある赤星だからこその考えやね。

赤星　そうなんですかね。

「3割合計12回・ゴールデングラブ合計11回」の2人が語る打撃&守備センス

「とっさの対応能力は、打撃にも、ほかのセンスにもつながる」――立浪
「外野手のセンスは、打球判断にあらわれる」――赤星

立浪　打撃センスについても教えてほしい。赤星は3割を5回記録していて、バッティングにも一家言《いっかげん》あるだろうから。打撃センスと聞いて、どんな打ち方とかスタイルをイメージする？

赤星　3割7回の立浪さんを前にして恐縮ですが（笑）、待っていないボールに、どれだけ反応できるかでしょうか。わかりやすい例を挙げれば、ストレートを狙っていたところで、甘い変化球に反応する。もっと言えば、来た球に、素直に反応できること。センスがある

バッターは、本能でできているんじゃないかなと思います。立浪さんはそういうタイプでしたよね？

立浪　調子がいいときは、そういう打席もあったかな。変化球を頭に入れながらも、ストレートをカットできたりとかね、なかなか難しいことだけど。とっさに対応できる能力というのは、打撃以外の各分野のセンスや野球センス全般にもつながるかもしれない。

赤星　あと、現役選手だと、福岡ソフトバンクの内川（聖一）の打撃センスは素晴らしいですね。インコースの打ち方を見ていると、練習をしたからといってできるような技術ではないと思います。巨人の坂本（勇人）のインコース打ちにも、センスを感じます。

立浪　広島の鈴木誠也、オリックスの金子千尋、それに赤星と、今回の対談相手3人すべてから打撃センスのある選手として名が挙がった内川は、本当にすごいと改めて思うよ。後ろのヒジをしぼってきて、バットがあれだけ内側から出る選手もそうはいないからね。内川という名前のとおり、内側から出ているよな（笑）。名前とバッティングが合っている。

赤星　そうですね（苦笑）。

立浪　無理して笑わんでもいいから（笑）。で、守備センスのほうはどう？　外野手としてゴールデングラブ賞を俺より1回多い6度獲得している赤星から見た感覚を教えてほしい。

赤星　勘弁してください（笑）。外野手のセンスは、打球判断にあらわれると思っています。

前に行くべきか、後ろに行くべきか、この一歩目のスピードですよね。いちばん難しいのが、真正面に飛んできたライナーですけど、弾道の高さを見て、判断することを心がけていました。

立浪　弾道の高さ？

赤星　バットとボールが当たったときの角度です。そこを見れば、前か後ろかはだいたいわかります。ただ、1回だけ反応できなかったことがあって、それが中日のタイロン・ウッズの打球でした。「前！」と思って、一瞬前進をしたら、頭上を越して、バックスクリーンのホームラン。マンガのような話ですけど、ピッチャーライナーかと思うような弾道でした。

立浪　赤星のセンスを上回る打球を放つとは、さすがタイロンやな。ヘッドを利かせて打つ技術は、歴代のスラッガーの中でもトップクラスでしょう。

赤星　あの当たりは、今も忘れないですね。

立浪　赤星の厳しい目から見て、現役選手でセンスを感じる外野手はいる？

赤星　鈴木誠也です。外野手でいちばん大事なのは、「前の打球をどれだけ捕れるか」だと思います。ピッチャーが打ち取った当たりですから。前の打球に対し、彼は反応が早いです。

立浪　今回、鈴木と対談をしたときに、まったく同じことを言っていた。

赤星　やっぱりそうですよね。頭を越される打球には、「そこまで飛ばされた自分が悪い」と、ピッチャーもあきらめがつくと思うんです。

現役時代は、同じセ・リーグの
中日と阪神の主力メンバーと
して何度も対戦している２人。
共通体験が多かったこともあ
って、ベストナイン選考も含め、
対談は大いに盛り上がった。

立浪　そう考えると、後ろに深く守るのは、好きじゃなかったでしょう？

赤星　そのとおりです。後ろの打球にもある程度自信があったので、できるだけ前に守っていました。ポジショニングを見ると、守備範囲に自信がある選手は、前にいることが多いです。

立浪　鈴木からは、阪神の大和の名前が挙がっていたんだけど、赤星はどう思う？

赤星　大和はうまい。内野も外野もハイレベルですし、スローイングもいいですよね。その辺も、内野をこなせる理由なんじゃないでしょうか。

立浪　赤星がそう言うのなら、大和のうまさは間違いない。やっぱり内野手のほうが、よりスローイングのセンスが重要だよな。一歩目や判断力とかの大切さは外野と共通でも、内野でやっていける適性がある選手、ない選手というのもあると思う。

2人で決める「野球センス重視のベストナイン」

「トータル的な野球センスなら、投手はマエケンで」──赤星

×

「ファーストは、清原さんを推《お》したい」──立浪

立浪　対談もいよいよ終盤戦。最後のまとめとして、この「極意」シリーズの対談コーナー恒例《こうれい》のおまけ企画をやろうと思う。前著『二遊間の極意』では対談相手の井端と2人で、

殊勲賞、敢闘賞、技能賞などの「部門別三賞ごとのベスト二遊間コンビ」と、「チーム・世代を超えたベスト二遊間コンビ」を選んだんだ。あと、『攻撃的守備の極意』では宮本慎也と「守備のベストナイン」を、『長打力を高める極意』では選手時代の高橋由伸現巨人監督と「長打バッターのベストナイン」を選定したんだけど、毎回、読者から好評いただいているとのこと。それで、今回は、赤星と一緒に、「野球センスのベストナイン」を選んでいきたい。各ポジション、レギュラーと次点数人を合わせて、だいたい3人ずつでね。基準は「野球センス」にあふれているかどうか。守備だけとか打撃だけとかじゃなく、なるべく総合的な野球センスをポイントにしたい。

赤星　難しそうですけど……わかりました!

立浪　今までの本のときと同様、年代的には、我々と現役時代が重なっている選手以降ということで。では、まずピッチャーからいこうか。

赤星　トータル的な野球センスという観点で考えると、前田健太じゃないですかね。練習をほとんどやっていないのにバッティングがいいし、メジャーでもホームランを打ちましたよね。フィールディングも抜群で、足も速い。野手としても十分やれたと思います。

立浪　マエケンは、あらゆるセンスがハイレベルだよなぁ。

赤星　ほかには、金子千尋でしょうか。対戦したこともありますが、すべてのボールが一級品で、腕の振りが一緒。打ちづらいピッチャーの1人でした。

立浪 ストレートと変化球で腕の振りが変わらないのは、一流ピッチャーの条件。

赤星 もう1人選ぶなら、菅野ですね。先ほども話しましたが、フィールディング、牽制、クイックや野球全体への取り組みなども含めて、総合的なセンスの高さを感じます。

立浪 じゃあ、ピッチャー部門はマエケンで、あとの2人を次点ということでいこう。

赤星 あっ、大変です！ 大谷翔平（北海道日本ハム）を忘れていました。打者イメージも持っていたので、すぐに名前が出ませんでした。

立浪 そうだ、大谷もいたよ。投手の候補に入れなきゃいけないんだろうけど……この際もう、彼は指名打者に置くということで、どう？

赤星 DHですね。これは一択で、大谷でいいんじゃないですか？（笑）。

立浪 そうだよな、彼しかいない（笑）。

赤星 打つほうも投げるほうも、怪物ですからね。

立浪 じゃあ、そういうことで、次はキャッチャー。

赤星 野球センスですよね……。個人的な感覚ですけど、阿部慎之助のようなどっしりしたタイプは、センスっていう感じじゃないんですよね。いや、すごい選手ですよ、肩もいいし、バッティングも超一流です。巨人という注目度の高い球団を引っ張るキャプテンシーもありますしね。でも、ちょっとイメージが違うかなと。
立浪　そうやなぁ、なんとなく言いたいことはわかる。
赤星　そう考えると、やっぱり古田さんと谷繁さんですよね。
立浪　2人は配球もいやらしかった。古田さんは、バッターの苦手なところを徹底して突いてくる。谷繁はバッターが考えていることの裏をかいたり、駆け引きがうまかった。ずる賢い性格が配球にも出ていたよな？（笑）。
赤星　僕は、なにも言えないです（笑）。
立浪　赤星が走りづらかったのは、どっち？
赤星　甲乙《こうおつ》つけがたいですが、古田さんでしょうか。
立浪　そうなると、古田さんが1位で、谷繁が次点かな。
赤星　あと、同い年の城島健司《じょうじまけんじ》（元福岡ソフトバンク、阪神など）も野球センスを感じるキャッチャーでしたね。視野が広く、ランナーを刺すためにいろいろなことをやってくる。「赤星を刺すには、座ったまま投げたほうがいい。立つ時間が無駄。送球もワンバウンドのほうがいい」という考えを持っていたようです。低い送球になるのでタッチがしやすいという理由からで、城島とは交流戦で対決して、1勝1敗（盗塁成功1、失敗1）でした。
立浪　城島は、打撃も良かったしな。続いて、強打者が多いファースト。個人的には、清原（和博）さんを推《お》したい。逆方向にあれだけ放《ほう》り込めたのは飛び抜けたセンスだし、守りでもハンドリングなどがうまかった。

赤星 清原さんに言ってもらって、印象に残っていることがあります。「一塁を守っていて、スタートを切ったのがわからなかったランナーは、福本さんと赤星だけだ」と。気づいたら視界から消えていた、みたいな感じでしょうか。うれしい言葉でした。

立浪 忍者のような！

赤星 そういうことなんですかね。では、清原さんでいきましょう。次点は、打撃で言えば、やっぱり内川じゃないですか。あのバットコントロールは、内川ならではのセンスです。

立浪 確かにね。3人目は、赤星の打球判断を狂わせた、タイロン・ウッズでどうだろう？

赤星 いいですね、あの打球は衝撃でした！

立浪 守備職人が多いセカンドは？

赤星 セカンドはもう、広島の菊池（涼介）で決まりだと思います。

立浪 あの守備は、本当にすごいな。一歩目が速くて、守備範囲が広い。歴代のセカンドの中でも、守備力はいちばんじゃないかな。

赤星 ああいう動物的な動きこそ、センスでしょう。練習してもできないことだと思います。

立浪 菊池は打力も侮《あなど》れないしな。次点候補の1人は、2000本安打を達成した荒木（雅博）かな。スローイングにちょっと不安があるけど、グラブさばきは抜群だし、判断力に優れていて、走塁センスにも長《た》けている。

赤星　あとは、2年連続トリプルスリーを成しとげた山田哲人。セカンドでのトリプルスリーは、価値が高いですよね。

立浪　サードはどうだろう？　俺はダントツで中村紀洋だと思うんだけど。ヘッドを利かせたバッティングはもちろんのこと、ライン際に強い柔らかなグラブさばきに、外国人にも負けていない強肩。球界を代表する、野球センスあふれるサードだったと思う。

赤星　バッティングも守備も、柔らかかったですよね。グラブさばきだけ見たら、ショートでも十分やれたと思いますね。

立浪　巨人の村田（修一）の守備もうまいな。

赤星　うまいですね。中村ノリさんと一緒で、ハンドリングに柔軟性があります。

立浪　あと、1人は福岡ソフトバンクの松田（宣浩）でどうだろう。バッティングと守備のバランスが良く、チームを盛り上げるリーダーシップもある。

赤星　ＰＬ学園時代のチームメイト・片岡篤史《あつし》さん（元日本ハム・阪神、現阪神打撃コーチ）は、入れなくていいですか？（笑）。

立浪　打撃が良くて、守備もまずまずだったな。投げ方は悪いけど、コントロールがいい（笑）。

赤星　スローイング、良かったですよね。
立浪　片岡は1年のとき、3年生の清原さんの専属バッティングピッチャーだったんだ。いい球を投げないとまずいから、そこで、スローイングのセンスが鍛えられたと思う。サードの次点がちょっと多くなるけど、まぁ、片岡も入れてあげよう（笑）。内野の最後は、花形ポジションのショート。
赤星　やっぱり、まず宮本慎也さんを推したいですね。とにかく、守備が抜群。とくに送球のコントロールです。どんな体勢で捕っても、ファーストにストライクを投げてきましたよね。歴代の内野手でもセンスはトップクラスだったと思います。
立浪　足を使って捕って、足を使って投げるという内野手の基本動作を実践していたよな。
赤星　僕らは、「宮本地獄」と呼んでいました。宮本さんのポジションに打ったら終わり、という意味で（笑）。だから、宮本さんのところに内野安打を打ったときは、うれしかった。三遊間のゴロで、宮本さんは逆シングルで捕球したんですが、間一髪でセーフでした。
立浪　めっちゃ、うれしそうやな（笑）。
赤星　今思い出してみても、あのうれしさがよみがえってきますね（笑）。あとは、立浪さんの名前も入れさせてください。ぼくの憧れのショートですから。一歩目を切るのが早くて、フットワークが軽やかで、格好良かったです。

立浪　宮本には及ばないけどな。でも、ありがとう。

赤星　あとは、巨人・坂本ですかね。ショートで3割以上打てるのは、魅力ですよね。

立浪　坂本は186センチもあるのに、守備が柔らかい。あれだけ足が長いと守りづらいと思うんだけど、守備センスも年々向上している感じがする。

赤星　でも、たまにもったいないエラーをしますよね。とくに甲子園のように土のグラウンドで、ポロっとやる印象があります。

立浪　そうなんだよな。本当にうまい内野手は、人工芝でも土でもうまいからね。

赤星　そういう意味で、阪神の鳥谷（敬《たかし》）の守備がずっと安定しているのは、甲子園を本拠地にしていたからだと思うんですよね。捕ることのセンスに優れています。

立浪　鳥谷は打撃センスもあるし、入れておきたいよな。あと、井端も忘れちゃいけない(笑)。

赤星　そうです！　僕が言うのもおこがましいですが、守備、打撃、小技、頭を使ったプレーなど、野球に関するすべての分野で、センスがあったと思います。

立浪　ほんと、そうやな。ショートも人数多くなっちゃうけど、しょうがないか。編集スタッフになんとかしてもらおう(笑)。

立浪　最後は外野手。1人目はもう間違いなく、イチローだろうね。

赤星　異論ありません。素晴らしい選手です。

立浪　あとは、赤星。

赤星　ありがとうございます。僕は最後のほうで、十分ですけど(笑)。

立浪　打撃センスということまで考えると、前田智徳《とものり》（広島）もすごかったな。それこそ、狙い球というよりは、来た球に素直に反応できているバッターだった。

赤星　アキレス腱《けん》を切るまでは、守備と走塁も光っていましたよね。現役選手なら僕は、鈴木誠也の守備力を評価しています。一歩目の判断が早い。外野を本格的に始めて3年目ぐらいで、このレベルまで来るわけですから、打撃だけでなく守備センスもかなりだと思います。

立浪　身体能力も、とにかく高いよね。

赤星　あとは、立浪さんのＰＬ学園の後輩でもある福留孝介はどうですか？　17年で40歳になるのに、守備が衰えていませんよね。

立浪　あいつもすごいな。肩は全盛期と比べるとさすがに落ちてはいるけど、それでも刺すからな。もともと、体の力が強いんだよね。

赤星　孝介は肩が強いだけでなく、捕ってからが早くて、モーションも小さい。あの送球センスがあるから、刺せるんだと思います。それと、埼玉西武の秋山(翔吾)と、阪神の大和。

立浪　秋山は、侍ジャパンでも活躍していたし、まさに走攻守揃《そろ》ったトータルセンスを備えた選手。大和は、球際の強さと内野もできる器用さにはセンスを感じるな。

赤星　大和は、守備は文句なしでも、ここで名前が挙がるような選手と比べると打撃は物足りないんですが、17年からスイッチヒッターにまでなっていますからね。ある程度のキャリアを積んでからのスイッチヒッター転向って、野球センスがないと、無理ですよね。

立浪　確かにそうかも。ほかにも、福岡ソフトバンクの柳田悠岐、広島の丸佳浩《よしひろ》や、現役メジャーだと青木宣親《のりちか》（17年途中、ヒューストン・アストロズから、トロント・ブルージエイズへ移籍）、引退した選手だと現巨人監督の高橋由伸や、新庄剛志らもいるよな。こうやって名前を挙げると、さすがに「野球センスの塊《かたまり》」と思える選手ばかり。

赤星　これから、このベストナインに入るような野球センスあふれる若い選手が、どんどん出てきてくれるといいですね。

立浪　野球界の未来のためにもね。ほかにも野球センスのいい選手はたくさんいて、おそらく読者のみなさんにもいろいろ意見はあるだろうけど、我々の好みということでこの顔ぶれになったことは、ご了解願いたい。いやぁ、赤星のおかげで、内容の濃い対談になったわ。今日は忙しい中、ありがとう。

赤星　僕も楽しかったです。ありがとうございました。

立浪和義・赤星憲広が選ぶ「野球センスのベストナイン」

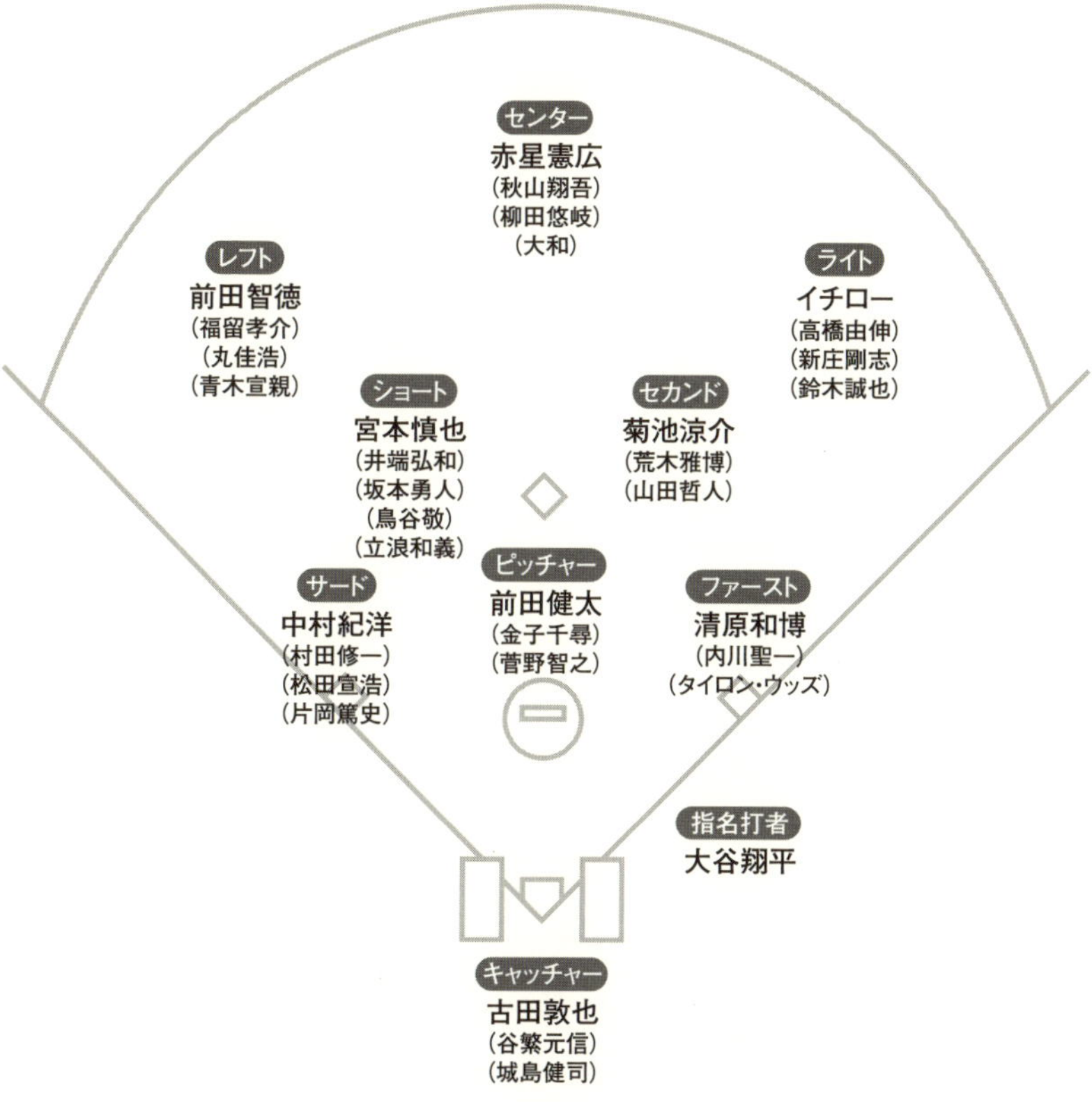

すべてのポジションに野球センスあふれるメンバーがズラリと揃《そろ》った。（　）内は次点の選手たちだが、並び順によって、とくに大きな差があるわけではない（外野の配置はバランスなどを考慮）。

おわりに

本書を通じて、野球センスについて考えてみると、センスを「磨く」、センスを「見つける」、センスを「引き出す」といったように、後天的に伸ばすこともできるのだと改めて気づくことができた。私自身、野球に対する考え方を整理する貴重な機会にもなった。

プロ野球選手でも、先天的な能力に頼ってばかりでは、活躍できない。目標に向かって効果的な努力をし、自分の強みを見つけて長所を伸ばすのもセンスと言っていいだろう。

大きな刺激を受けたのが、鈴木誠也選手、金子千尋投手、赤星憲広氏との対談だ。やはり、一流選手というものは、独自の感性や感覚を持っているものだ。

鈴木選手は「左中間に強引にいくぐらいのほうが、自分には合っているように思います」と語っていたが、自分のバッティングスタイルがわかっているからこその言葉だろう。強みを理解し、それを伸ばすことができている。体に力があり、スイングスピードが速いとしても、自分の良さを消すような打撃をしていたら、なかなか結果はついてこない。

金子投手は、「人と違うことを考えて、それを実行に移すことによって、センスが磨かれたかもしれません」と教えてくれた。表現を変えれば、誰かにやらされるのではなく、自らの意志で取り組み続けた結果、今のピッチングスタイルが完成したということ。キャッチボールでは下から投げたり、横から投げたりして、リリースの感覚を養ったり、登板と登板のあいだには1度もブルペンに入らないなど、独自の思考でセンスを磨き続けている。

豊富な知識と理論をもとに解説者として活躍する赤星氏との対談は、「そんなことまで考えていたのか！」と感心させられることばかりだった。赤星氏は打球判断が飛び抜けてうまかったが、試合前の自軍の打撃練習で打者の状態を観察し、試合での打球方向や強さを予測していると話していた。ひと言で言えば、「準備」に対するこだわりが半端《はんぱ》ない。足が速いだけではなく、準備するセンスに長《た》けていたのが赤星氏のすごさだった。

3人の話は、「現役時代に聞いておけば良かった……」と、思うものばかり。感じたのは、「聞く」「質問する」も野球センスを磨く1つの手法ではないかということで、これは子どもたちにも同じことが言える。ヒットをたくさん打っている友だちに「どんな感覚で打っているの？」と聞くことや、互いに教え合うことで、新たな感覚に出会えるはずだ。

最後になるが、本書の制作にあたり、多くの方々のご協力をいただいた。対談の時間を作ってくれた赤星憲広氏、金子千尋投手、鈴木誠也選手をはじめ、廣済堂出版と関係スタッフの方々、そして、お付き合いいただいた読者のみなさまに感謝を申し上げたい。

２０１７年8月

立浪和義

巻末付録 ベストナイン セ・リーグ 歴代受賞者一覧

三塁手	遊撃手	外野手	外野手	外野手
藤村富美男(阪　神)①	白石勝巳(広　島)①	小鶴　誠(松　竹)①	青田　昇(巨　人)①	岩本義行(松　竹)①
藤村富美男(阪　神)②	平井正明※(巨　人)①	金田正泰(阪　神)①	青田　昇(巨　人)②	岩本義行(松　竹)②
藤村富美男(阪　神)③	平井正明(巨　人)②	与那嶺要(巨　人)①	杉山　悟(名古屋)①	南村不可止(巨　人)①
与儀真助(阪　神)①	平井三郎※(巨　人)③	金田正泰(阪　神)②	与那嶺要(巨　人)②	南村不可止(巨　人)②
宇野光雄(国　鉄)①	広岡達朗(巨　人)①	与那嶺要(巨　人)③	渡辺博之(阪　神)①	杉山　悟(中　日)②
児玉利一(中　日)①	吉田義男(阪　神)①	渡辺博之(阪　神)②	与那嶺要(巨　人)④	町田行彦(国　鉄)①
児玉利一(中　日)②	吉田義男(阪　神)②	与那嶺要(巨　人)⑤	田宮謙次郎(阪　神)①	青田　昇(大　洋)③
三宅秀史(阪　神)①	吉田義男(阪　神)③	与那嶺要(巨　人)⑥	田宮謙次郎(阪　神)②	青田　昇(大　洋)④
長嶋茂雄(巨　人)①	吉田義男(阪　神)④	田宮謙次郎(阪　神)③	与那嶺要(巨　人)⑦	森　　徹(中　日)①
長嶋茂雄(巨　人)②	吉田義男(阪　神)⑤	森　　徹(中　日)②	坂崎一彦(巨　人)①	大和田明(広　島)①
長嶋茂雄(巨　人)③	吉田義男(阪　神)⑥	並木輝男(阪　神)①	中　利夫※(中　日)①	森　　徹(中　日)③
長嶋茂雄(巨　人)④	河野旭輝(中　日)①	近藤和彦(大　洋)①	江藤慎一(中　日)①	森永勝治(広　島)①
長嶋茂雄(巨　人)⑤	吉田義男(阪　神)⑦	森永勝治(広　島)②	近藤和彦(大　洋)②	並木輝男(阪　神)②
長嶋茂雄(巨　人)⑥	古葉　毅(広　島)①	近藤和彦(大　洋)③	江藤慎一(中　日)②	藤井栄治(阪　神)①
長嶋茂雄(巨　人)⑦	吉田義男(阪　神)⑧	江藤慎一(中　日)③	重松省三(大　洋)①	近藤和彦(大　洋)④
長嶋茂雄(巨　人)⑧	吉田義男(阪　神)⑨	江藤慎一(中　日)④	近藤和彦(大　洋)⑤	中　暁生※(中　日)②
長嶋茂雄(巨　人)⑨	一枝修平(中　日)①	江藤慎一(中　日)⑤	中　暁生(中　日)③	山本一義(広　島)①
長嶋茂雄(巨　人)⑩	藤田　平(阪　神)①	中　暁生(中　日)④	近藤和彦(大　洋)⑥	柴田　勲(巨　人)①
長嶋茂雄(巨　人)⑪	黒江透修(巨　人)①	山内一弘(広　島)①	江藤慎一(中　日)⑥	ロバーツ(サンケイ)①
長嶋茂雄(巨　人)⑫	藤田　平(阪　神)②	高田　繁(巨　人)①	ロバーツ(アトムズ)②	山本一義(広　島)②
長嶋茂雄(巨　人)⑬	藤田　平(阪　神)③	高田　繁(巨　人)②	江尻　亮(大　洋)①	中　暁生(中　日)⑤
長嶋茂雄(巨　人)⑭	藤田　平(阪　神)④	柴田　勲(巨　人)②	高田　繁(巨　人)③	水谷実雄(広　島)①
長嶋茂雄(巨　人)⑮	三村敏之(広　島)①	高田　繁(巨　人)④	若松　勉(ヤクルト)①	柴田　勲(巨　人)③
長嶋茂雄(巨　人)⑯	藤田　平(阪　神)⑤	若松　勉(ヤクルト)②	柴田　勲(巨　人)④	江尻　亮(大　洋)②
長嶋茂雄(巨　人)⑰	藤田　平(阪　神)⑥	若松　勉(ヤクルト)③	末次利光(巨　人)①	マーチン(中　日)①
衣笠祥雄(広　島)①	三村敏之(広　島)②	山本浩二(広　島)①	井上弘昭(中　日)①	ロジャー(ヤクルト)①
掛布雅之(阪　神)①	三村敏之(広　島)③	張本　勲(巨　人)①	若松　勉(ヤクルト)④	谷沢健一(中　日)①
掛布雅之(阪　神)②	河埜和正(巨　人)①	若松　勉(ヤクルト)⑤	山本浩二(広　島)②	張本　勲(巨　人)②
掛布雅之(阪　神)③	高橋慶彦(広　島)①	山本浩二(広　島)③	若松　勉(ヤクルト)⑥	マニエル(ヤクルト)①
掛布雅之(阪　神)④	高橋慶彦(広　島)②	山本浩二(広　島)④	若松　勉(ヤクルト)⑦	ラインバック(阪　神)①
衣笠祥雄(広　島)②	高橋慶彦(広　島)③	山本浩二(広　島)⑤	若松　勉(ヤクルト)⑧	杉浦　亨※(ヤクルト)①
掛布雅之(阪　神)⑤	山下大輔(大　洋)①	山本浩二(広　島)⑥	ライトル(広　島)①	田尾安志(中　日)①
掛布雅之(阪　神)⑥	宇野　勝(中　日)①	田尾安志(中　日)②	長崎啓二(大　洋)①	山本浩二(広　島)⑦
原　辰徳(巨　人)①	高橋慶彦(広　島)④	山本浩二(広　島)⑧	松本匡史(巨　人)①	田尾安志(中　日)③
衣笠祥雄(広　島)③	宇野　勝(中　日)②	山本浩二(広　島)⑨	山崎隆造(広　島)①	若松　勉(ヤクルト)⑨
掛布雅之(阪　神)⑦	高木　豊(大　洋)①	真弓明信(阪　神)①	杉浦　亨※(ヤクルト)②	山崎隆造(広　島)②
レオン(ヤクルト)①	高橋慶彦(広　島)⑤	クロマティ(巨　人)①	吉村禎章(巨　人)①	山本浩二(広　島)⑩
原　辰徳(巨　人)②	宇野　勝(中　日)③	吉村禎章(巨　人)②	ポンセ(大　洋)①	クロマティ(巨　人)②
原　辰徳(巨　人)③	池山隆寛(ヤクルト)①	広沢克己(ヤクルト)①	ポンセ(大　洋)②	パチョレック(大　洋)①
落合博満(中　日)①	池山隆寛(ヤクルト)②	クロマティ(巨　人)③	山崎賢一(大　洋)①	彦野利勝(中　日)①
バンスロー(中　日)①	池山隆寛(ヤクルト)③	パチョレック(大　洋)②	広沢克己(ヤクルト)②	原　辰徳(巨　人)①
山崎隆造(広　島)①	野村謙二郎(広　島)①	レイノルズ(大　洋)①	広沢克己(ヤクルト)③	原　辰徳(巨　人)②
ハウエル(ヤクルト)①	池山隆寛(ヤクルト)④	前田智徳(広　島)①	飯田哲也(ヤクルト)①	シーツ(大　洋)①
江藤　智(広　島)①	池山隆寛(ヤクルト)⑤	前田智徳(広　島)②	パウエル(中　日)①	新庄剛志※(阪　神)①
江藤　智(広　島)②	川相昌弘(巨　人)①	前田智徳(広　島)③	パウエル(中　日)②	ブラッグス(横　浜)①
江藤　智(広　島)③	野村謙二郎(広　島)②	パウエル(中　日)③	松井秀喜(巨　人)①	金本知憲(広　島)①
江藤　智(広　島)④	野村謙二郎(広　島)③	松井秀喜(巨　人)②	山崎武司(中　日)①	パウエル(中　日)④
L《レオ》・ゴメス(中　日)①	石井琢朗(横　浜)①	松井秀喜(巨　人)③	鈴木尚典(横　浜)①	ホージー(ヤクルト)①

＊○囲みの数字は同一リーグ・同一ポジションでの受賞回数

年度	投手	捕手	一塁手	二塁手
1950	真田重男 (松 竹) ①	荒川昇治 (松 竹) ①	西沢道夫 (中 日) ①	千葉 茂 (巨 人) ①
1951	別所毅彦 (巨 人) ①	野口 明 (名古屋) ①	川上哲治 (巨 人) ①	千葉 茂 (巨 人) ②
1952	別所毅彦 (巨 人) ②	野口 明 (名古屋) ②	西沢道夫 (中 日) ②	千葉 茂 (巨 人) ③
1953	大友 工 (巨 人) ①	広田 順 (巨 人) ①	川上哲治 (巨 人) ②	千葉 茂 (巨 人) ④
1954	杉下 茂 (中 日) ①	広田 順 (巨 人) ②	西沢道夫 (中 日) ③	箱田弘志 (国 鉄) ①
1955	別所毅彦 (巨 人) ③	広田 順 (巨 人) ③	川上哲治 (巨 人) ③	井上 登 (中 日) ①
1956	別所毅彦 (巨 人) ④	藤尾 茂 (巨 人) ①	川上哲治 (巨 人) ④	井上 登 (中 日) ②
1957	金田正一 (国 鉄) ①	藤尾 茂 (巨 人) ②	川上哲治 (巨 人) ⑤	井上 登 (中 日) ③
1958	金田正一 (国 鉄) ②	藤尾 茂 (巨 人) ③	川上哲治 (巨 人) ⑥	井上 登 (中 日) ④
1959	藤田元司 (巨 人) ①	藤尾 茂 (巨 人) ④	藤本勝巳 (阪 神) ①	土屋正孝 (国 鉄) ①
1960	秋山 登 (大 洋) ①	土井 淳 (大 洋) ①	近藤和彦 (大 洋) ①	井上 登 (中 日) ⑤
1961	権藤 博 (中 日) ①	森 昌彦 (巨 人) ①	藤本勝巳 (阪 神) ②	土屋正孝 (国 鉄) ②
1962	村山 実 (阪 神) ①	森 昌彦 (巨 人) ②	王 貞治 (巨 人) ①	小坂佳隆 (広 島) ①
1963	金田正一 (国 鉄) ③	森 昌彦 (巨 人) ③	王 貞治 (巨 人) ②	高木守道 (中 日) ①
1964	バッキー (阪 神) ①	森 昌彦 (巨 人) ④	王 貞治 (巨 人) ③	高木守道 (中 日) ②
1965	村山 実 (阪 神) ②	森 昌彦 (巨 人) ⑤	王 貞治 (巨 人) ④	高木守道 (中 日) ③
1966	村山 実 (阪 神) ③	森 昌彦 (巨 人) ⑥	王 貞治 (巨 人) ⑤	高木守道 (中 日) ④
1967	小川健太郎 (中 日) ①	森 昌彦 (巨 人) ⑦	王 貞治 (巨 人) ⑥	高木守道 (中 日) ⑤
1968	江夏 豊 (阪 神) ①	森 昌彦 (巨 人) ⑧	王 貞治 (巨 人) ⑦	土井正三 (巨 人) ①
1969	高橋一三 (巨 人) ①	木俣達彦 (中 日) ①	王 貞治 (巨 人) ⑧	土井正三 (巨 人) ②
1970	平松政次 (大 洋) ①	木俣達彦 (中 日) ②	王 貞治 (巨 人) ⑨	安藤統夫 (阪 神) ①
1971	平松政次 (大 洋) ②	木俣達彦 (中 日) ③	王 貞治 (巨 人) ⑩	国貞泰汎 (広 島) ①
1972	堀内恒夫 (巨 人) ①	田淵幸一 (阪 神) ①	王 貞治 (巨 人) ⑪	シピン (大 洋) ①
1973	高橋一三 (巨 人) ②	田淵幸一 (阪 神) ②	王 貞治 (巨 人) ⑫	シピン (大 洋) ②
1974	堀内恒夫 (巨 人) ②	田淵幸一 (阪 神) ③	王 貞治 (巨 人) ⑬	高木守道 (中 日) ⑥
1975	外木場義郎 (広 島) ①	田淵幸一 (阪 神) ④	王 貞治 (巨 人) ⑭	大下剛史 (広 島) ①
1976	池谷公二郎 (広 島) ①	田淵幸一 (阪 神) ⑤	王 貞治 (巨 人) ⑮	ジョンソン (巨 人) ①
1977	小林 繁 (巨 人) ①	木俣達彦 (中 日) ④	王 貞治 (巨 人) ⑯	高木守道 (中 日) ⑦
1978	新浦寿夫 (巨 人) ①	大矢明彦 (ヤクルト) ①	王 貞治 (巨 人) ⑰	ヒルトン (ヤクルト) ①
1979	小林 繁 (阪 神) ②	木俣達彦 (中 日) ⑤	王 貞治 (巨 人) ⑱	ミヤーン (大 洋) ①
1980	江川 卓 (巨 人) ①	大矢明彦 (ヤクルト) ②	谷沢健一 (中 日) ①	基 満男 (大 洋) ①
1981	江川 卓 (巨 人) ②	山倉和博 (巨 人) ①	藤田 平 (阪 神) ①	篠塚利夫 (巨 人) ①
1982	北別府学 (広 島) ①	中尾孝義 (中 日) ①	谷沢健一 (中 日) ②	篠塚利夫 (巨 人) ②
1983	遠藤一彦 (大 洋) ①	山倉和博 (巨 人) ②	谷沢健一 (中 日) ③	真弓明信 (阪 神) ①
1984	山根和夫 (広 島) ①	達川光男 (広 島) ①	谷沢健一 (中 日) ④	篠塚利夫 (巨 人) ③
1985	小松辰雄 (中 日) ①	八重樫幸雄 (ヤクルト) ①	バース (阪 神) ①	岡田彰布 (阪 神) ①
1986	北別府学 (広 島) ②	達川光男 (広 島) ②	バース (阪 神) ②	篠塚利夫 (巨 人) ④
1987	桑田真澄 (巨 人) ①	山倉和博 (巨 人) ③	バース (阪 神) ③	篠塚利夫 (巨 人) ⑤
1988	小野和幸 (中 日) ①	達川光男 (広 島) ③	落合博満 (中 日) ①	正田耕三 (広 島) ①
1989	斎藤雅樹 (巨 人) ①	中尾孝義 (巨 人) ②	パリッシュ (ヤクルト) ①	正田耕三 (広 島) ②
1990	斎藤雅樹 (巨 人) ②	村田真一 (巨 人) ①	落合博満 (中 日) ②	高木 豊 (大 洋) ①
1991	佐々岡真司 (広 島) ①	古田敦也 (ヤクルト) ①	落合博満 (中 日) ③	高木 豊 (大 洋) ②
1992	斎藤雅樹 (巨 人) ③	古田敦也 (ヤクルト) ②	パチョレック (阪 神) ①	和田 豊 (阪 神) ①
1993	今中慎二 (中 日) ①	古田敦也 (ヤクルト) ③	広沢克己 (ヤクルト) ①	R・ローズ (横 浜) ①
1994	山本昌広※ (中 日) ①	西山秀二 (広 島) ①	大豊泰昭 (中 日) ①	和田 豊 (阪 神) ②
1995	斎藤雅樹 (巨 人) ④	古田敦也 (ヤクルト) ④	オマリー (ヤクルト) ①	R・ローズ (横 浜) ②
1996	斎藤雅樹 (巨 人) ⑤	西山秀二 (広 島) ②	L・ロペス (広 島) ①	立浪和義 (中 日) ①
1997	山本 昌※ (中 日) ②	古田敦也 (ヤクルト) ⑤	L・ロペス (広 島) ②	R・ローズ (横 浜) ③

※平田正明=平田三郎、中暁生=中利夫、杉浦亨=杉浦享、新庄剛志=SHINJO、山本昌広=山本昌

巻末付録 ベストナイン セ・リーグ/パ・リーグ 歴代受賞者一覧

三塁手	遊撃手	外野手	外野手	外野手
江藤　智(広　島)⑤	石井琢朗(横　浜)②	松井秀喜(巨　人)④	鈴木尚典(横　浜)②	前田智徳(広　島)④
L《レオ》・ゴメス(中　日)②	石井琢朗(横　浜)③	松井秀喜(巨　人)⑤	関川浩一(中　日)①	高橋由伸(巨　人)①
江藤　智(巨　人)⑥	石井琢朗(横　浜)④	松井秀喜(巨　人)⑥	金本知憲(広　島)②	新庄剛志(阪　神)②
江藤　智(巨　人)⑦	石井琢朗(横　浜)⑤	松井秀喜(巨　人)⑦	稲葉篤紀(ヤクルト)①	金本知憲(広　島)③
岩村明憲(ヤクルト)①	井端弘和(中　日)①	松井秀喜(巨　人)⑧	福留孝介(中　日)①	清水隆行(巨　人)①
鈴木　健(ヤクルト)①	二岡智宏(巨　人)①	赤星憲広(阪　神)①	ラミレス(ヤクルト)①	福留孝介(中　日)②
立浪和義(中　日)①	井端弘和(中　日)②	嶋　重宣(広　島)①	金本知憲(阪　神)④	T《タフィ》・ローズ(巨　人)①
今岡　誠(阪　神)①	井端弘和(中　日)③	金本知憲(阪　神)⑤	青木宣親(ヤクルト)①	赤星憲広(阪　神)②
岩村明憲(ヤクルト)②	井端弘和(中　日)④	福留孝介(中　日)③	金本知憲(阪　神)⑥	青木宣親(ヤクルト)②
小笠原道大(巨　人)①	井端弘和(中　日)⑤	青木宣親(ヤクルト)③	ラミレス(ヤクルト)②	高橋由伸(巨　人)②
村田修一(横　浜)①	鳥谷　敬(阪　神)①	ラミレス(巨　人)③	青木宣親(ヤクルト)④	金本知憲(阪　神)⑦
小笠原道大(巨　人)②	坂本勇人(巨　人)①	ラミレス(巨　人)④	内川聖一(横　浜)①	青木宣親(ヤクルト)⑤
森野将彦(中　日)①	鳥谷　敬(阪　神)②	マートン(阪　神)①	青木宣親(ヤクルト)⑥	和田一浩(中　日)①
宮本慎也(ヤクルト)①	鳥谷　敬(阪　神)③	長野久義(巨　人)①	マートン(阪　神)②	青木宣親(ヤクルト)⑦
村田修一(巨　人)②	坂本勇人(巨　人)②	長野久義(巨　人)②	大島洋平(中　日)①	バレンティン(ヤクルト)①
村田修一(巨　人)③	鳥谷　敬(阪　神)④	バレンティン(ヤクルト)②	マートン(阪　神)③	長野久義(巨　人)③
ル　ナ(中　日)①	鳥谷　敬(阪　神)⑤	マートン(阪　神)④	丸　佳浩(広　島)①	雄　平(ヤクルト)①
川端慎吾(ヤクルト)①	鳥谷　敬(阪　神)⑥	筒香嘉智(DeNA)①	福留孝介(阪　神)④	平田良介(中　日)①
村田修一(巨　人)④	坂本勇人(巨　人)③	鈴木誠也(広　島)①	筒香嘉智(DeNA)②	丸　佳浩(広　島)②

中谷順次(阪　急)①	木塚忠助(南　海)①	別当　薫(毎　日)①	大下　弘(東　急)①	飯島滋弥(大　映)①
蔭山和夫(南　海)①	木塚忠助(南　海)②	大下　弘(東　急)②	別当　薫(毎　日)②	飯島滋弥(大　映)②
蔭山和夫(南　海)②	木塚忠助(南　海)③	大下　弘(西　鉄)③	別当　薫(毎　日)③	飯島滋弥(大　映)③
中西　太(西　鉄)①	木塚忠助(南　海)④	堀井数男(南　海)①	別当　薫(毎　日)④	大下　弘(西　鉄)④
中西　太(西　鉄)②	レインズ(阪　急)①	大下　弘(西　鉄)⑤	山内和弘※(毎　日)①	関口清治(西　鉄)①
中西　太(西　鉄)③	木塚忠助(南　海)⑤	山内和弘(毎　日)②	飯田徳治(南　海)①	戸倉勝城(阪　急)①
中西　太(西　鉄)④	豊田泰光(西　鉄)①	山内和弘(毎　日)③	杉山光平(南　海)①	戸倉勝城(阪　急)②
中西　太(西　鉄)⑤	豊田泰光(西　鉄)②	山内和弘(毎　日)④	大下　弘(西　鉄)⑥	毒島章一(東　映)①
中西　太(西　鉄)⑥	葛城隆雄(大　毎)①	毒島章一(東　映)②	関口清治(西　鉄)①	杉山光平(南　海)①
葛城隆雄(大　毎)①	豊田泰光(西　鉄)③	山内和弘(大　毎)⑤	杉山光平(南　海)②	高倉照幸(西　鉄)①
小玉明利(近　鉄)①	豊田泰光(西　鉄)④	山内和弘(大　毎)⑥	田宮謙次郎(大　毎)①	張本　勲(東　映)①
中西　太(西　鉄)⑦	豊田泰光(西　鉄)⑤	張本　勲(東　映)②	田宮謙次郎(大　毎)②	山内和弘(大　毎)⑦
小玉明利(近　鉄)②	豊田泰光(西　鉄)⑥	張本　勲(東　映)③	山内一弘※(大　毎)⑧	吉田勝豊(東　映)①
小玉明利(近　鉄)③	小池兼司(南　海)①	広瀬叔功(南　海)①	山内一弘(大　毎)⑨	張本　勲(東　映)④
小玉明利(近　鉄)④	小池兼司(南　海)②	広瀬叔功(南　海)②	張本　勲(東　映)⑤	高倉照幸(西　鉄)②
小玉明利(近　鉄)⑤	小池兼司(南　海)③	広瀬叔功(南　海)③	張本　勲(東　映)⑥	堀込基明(南　海)①
ロ　イ(西　鉄)①	小池兼司(南　海)④	張本　勲(東　映)⑦	毒島章一(東　映)③	高倉照幸(西　鉄)③
森本　潔(阪　急)①	大下剛史(東　映)①	張本　勲(東　映)⑧	土井正博(近　鉄)①	長池徳二(阪　急)①
国貞泰汎(南　海)①	阪本敏三(阪　急)①	アルトマン(東　京)①	土井正博(近　鉄)②	張本　勲(東　映)⑨
有藤通世※(ロッテ)①	阪本敏三(阪　急)②	長池徳二(阪　急)②	永淵洋三(近　鉄)①	張本　勲(東　映)⑩
有藤通世(ロッテ)②	阪本敏三(阪　急)③	張本　勲(東　映)⑪	アルトマン(ロッテ)②	長池徳二(阪　急)③
有藤通世(ロッテ)③	阪本敏三(阪　急)④	長池徳二(阪　急)④	アルトマン(ロッテ)③	門田博光(南　海)①
有藤通世(ロッテ)④	大橋　穣(阪　急)①	張本　勲(東　映)⑫	福本　豊(阪　急)①	長池徳二(阪　急)⑤
有藤通世(ロッテ)⑤	大橋　穣(阪　急)②	長池徳二(阪　急)⑥	張本　勲(日　拓)⑬	福本　豊(阪　急)②
有藤通世(ロッテ)⑥	大橋　穣(阪　急)③	福本　豊(阪　急)③	張本　勲(日本ハム)⑭	ビュフォード(太平洋)①

＊○囲みの数字は同一リーグ・同一ポジションでの受賞回数

巻末付録 ベストナイン セ・リーグ 歴代受賞者一覧

年度	投手	捕手	一塁手	二塁手
1998	佐々木主浩(横浜)①	谷繁元信(横浜)①	駒田徳広(横浜)①	R《ロバート》・ローズ(横浜)④
1999	上原浩治(巨人)①	古田敦也(ヤクルト)⑥	ペタジーニ(ヤクルト)①	R《ロバート》・ローズ(横浜)⑤
2000	工藤公康(巨人)①	古田敦也(ヤクルト)⑦	ペタジーニ(ヤクルト)②	R《ロバート》・ローズ(横浜)⑥
2001	藤井秀悟(ヤクルト)①	古田敦也(ヤクルト)⑧	ペタジーニ(ヤクルト)③	ディアス(広島)①
2002	上原浩治(巨人)②	阿部慎之助(巨人)①	ペタジーニ(ヤクルト)④	今岡　誠(阪神)①
2003	井川　慶(阪神)①	矢野輝弘(阪神)①	アリアス(阪神)①	今岡　誠(阪神)②
2004	川上憲伸(中日)①	古田敦也(ヤクルト)⑨	T《タイロン》・ウッズ(横浜)①	荒木雅博(中日)① ラロッカ(広島)①
2005	黒田博樹(広島)①	矢野輝弘(阪神)②	新井貴浩(広島)①	荒木雅博(中日)②
2006	川上憲伸(中日)②	矢野輝弘(阪神)③	T《タイロン》・ウッズ(中日)②	荒木雅博(中日)③
2007	高橋尚成(巨人)①	阿部慎之助(巨人)②	T《タイロン》・ウッズ(中日)③	田中浩康(ヤクルト)①
2008	グライシンガー(巨人)①	阿部慎之助(巨人)③	内川聖一(横浜)①	東出輝裕(広島)①
2009	ゴンザレス(巨人)①	阿部慎之助(巨人)④	ブランコ(中日)①	東出輝裕(広島)②
2010	前田健太(広島)①	阿部慎之助(巨人)⑤	ブラゼル(阪神)①	平野恵一(阪神)①
2011	吉見一起(中日)①	阿部慎之助(巨人)⑥	栗原健太(広島)①	平野恵一(阪神)②
2012	内海哲也(巨人)①	阿部慎之助(巨人)⑦	ブランコ(中日)②	田中浩康(ヤクルト)②
2013	前田健太(広島)②	阿部慎之助(巨人)⑧	ブランコ(DeNA)③	西岡　剛(阪神)①
2014	菅野智之(巨人)①	阿部慎之助(巨人)⑨	M《マウロ》・ゴメス(阪神)①	山田哲人(ヤクルト)①
2015	前田健太(広島)③	中村悠平(ヤクルト)①	畠山和洋(ヤクルト)①	山田哲人(ヤクルト)②
2016	野村祐輔(広島)①	石原慶幸(広島)①	新井貴浩(広島)②	山田哲人(ヤクルト)③

ベストナイン パ・リーグ 歴代受賞者一覧

1950	荒巻　淳(毎日)①	土井垣武(毎日)①	飯田徳治(南海)①	本堂保次(毎日)①
1951	江藤　正(南海)①	土井垣武(毎日)②	飯田徳治(南海)②	山本一人(南海)①
1952	柚木　進(南海)①	土井垣武(毎日)③	飯田徳治(南海)③	岡本伊三美(南海)①
1953	川崎徳次(西鉄)①	松井　淳(南海)①	飯田徳治(南海)④	岡本伊三美(南海)②
1954	西村貞朗(西鉄)①	ルイス(毎日)①	川合幸三(阪急)①	森下正夫※(南海)①
1955	中村大成(南海)①	ルイス(毎日)②	杉山光平(南海)①	岡本伊三美(南海)③
1956	梶本隆夫(阪急)①	野村克也(南海)①	榎本喜八(毎日)①	佐々木信也(高橋)①
1957	稲尾和久(西鉄)①	野村克也(南海)②	岡本健一郎(阪急)①	岡本伊三美(南海)④
1958	稲尾和久(西鉄)②	野村克也(南海)③	スタンレー橋本(東映)①	バルボン(阪急)①
1959	杉浦　忠(南海)①	野村克也(南海)④	榎本喜八(大毎)②	岡本伊三美(南海)⑤
1960	小野正一(大毎)①	野村克也(南海)⑤	榎本喜八(大毎)③	仰木　彬(西鉄)①
1961	稲尾和久(西鉄)③	野村克也(南海)⑥	榎本喜八(大毎)④	森下整鎮※(南海)②
1962	稲尾和久(西鉄)④	野村克也(南海)⑦	榎本喜八(大毎)⑤	ブルーム(近鉄)①
1963	稲尾和久(西鉄)⑤	野村克也(南海)⑧	榎本喜八(大毎)⑥	ブルーム(近鉄)②
1964	スタンカ(南海)①	野村克也(南海)⑨	榎本喜八(東京)⑦	スペンサー(阪急)①
1965	尾崎行雄(東映)①	野村克也(南海)⑩	高木　喬(近鉄)①	スペンサー(阪急)②
1966	田中　勉(西鉄)①	野村克也(南海)⑪	榎本喜八(東京)⑧	国貞泰汎(南海)①
1967	足立光宏(阪急)①	野村克也(南海)⑫	大杉勝男(東映)①	ブレイザー(南海)①
1968	皆川睦男(南海)①	野村克也(南海)⑬	榎本喜八(東京)⑨	ブレイザー(南海)②
1969	鈴木啓示(近鉄)①	岡村浩二(阪急)①	大杉勝男(東映)②	山崎裕之(ロッテ)①
1970	木樽正明(ロッテ)①	野村克也(南海)⑭	大杉勝男(東映)③	山崎裕之(ロッテ)②
1971	山田久志(阪急)①	野村克也(南海)⑮	大杉勝男(東映)④	山崎裕之(ロッテ)③
1972	山田久志(阪急)②	野村克也(南海)⑯	大杉勝男(東映)⑤	基　満男(西鉄)①
1973	成田文男(ロッテ)①	野村克也(南海)⑰	加藤秀司※(阪急)①	桜井輝秀(南海)①
1974	金田留広(ロッテ)①	村上公康(ロッテ)①	ジョーンズ(近鉄)①	山崎裕之(ロッテ)④

※森下正夫=森下整鎮、山内和弘=山内一弘、有藤通世=有藤道世、加藤秀司=加藤英司

巻末付録 ベストナイン パ・リーグ 歴代受賞者一覧［指名打者制導入以降］

遊撃手	外野手	外野手	外野手	指名打者
大橋 穣（阪急）④	佐々木恭介（近鉄）①	白 仁天（太平洋）①	弘田澄男（ロッテ）①	長池徳二（阪急）①
大橋 穣（阪急）⑤	門田博光（南海）②	福本 豊（阪急）④	弘田澄男（ロッテ）②	大田卓司（太平洋）①
石渡 茂（近鉄）①	福本 豊（阪急）⑤	門田博光（南海）③	リ ー（ロッテ）①	高井保弘（阪急）①
真弓明信（クラウン）①	福本 豊（阪急）⑥	佐々木恭介（近鉄）①	簑田浩二（阪急）①	土井正博（クラウン）①
石渡 茂（近鉄）②	福本 豊（阪急）⑦	栗橋 茂（近鉄）①	新井宏昌（南海）①	マニエル（近鉄）①
高代延博（日本ハム）①	リ ー（ロッテ）②	福本 豊（阪急）⑧	栗橋 茂（近鉄）②	マニエル（近鉄）②
石毛宏典（西武）①	テ リ ー（西武）①	福本 豊（阪急）⑨	島田 誠（日本ハム）①	門田博光（南海）①
石毛宏典（西武）②	福本 豊（阪急）⑩	栗橋 茂（近鉄）③	新井宏昌（南海）②	ソレイタ（日本ハム）①
石毛宏典（西武）③	簑田浩二（阪急）②	テ リ ー（西武）①	島田 誠（日本ハム）②	門田博光（南海）②
弓岡敬二郎（阪急）①	簑田浩二（阪急）③	T《トミー》・クルーズ（日本ハム）①	高沢秀昭（ロッテ）①	リ ー（ロッテ）①
石毛宏典（西武）④	横田真之（ロッテ）①	金森永時（西武）①	熊野輝光（阪急）①	リ ー（ロッテ）②
石毛宏典（西武）⑤	秋山幸二（西武）①	横田真之（ロッテ）②	新井宏昌（近鉄）③	石嶺和彦（阪急）①
水上善雄（ロッテ）①	新井宏昌（近鉄）④	秋山幸二（西武）②	ブリューワ（日本ハム）①	石嶺和彦（阪急）②
田中幸雄（日本ハム）①	高沢秀昭（ロッテ）②	秋山幸二（西武）③	平野 謙（西武）①	門田博光（南海）③
田辺徳雄（西武）①	秋山幸二（西武）④	ブライアント（近鉄）①	藤井康雄（オリックス）①	門田博光（オリックス）④
田中幸雄（日本ハム）②	西村徳文（ロッテ）①	石嶺和彦（オリックス）①	秋山幸二（西武）⑤	デストラーデ（西武）①
小川博文（オリックス）①	秋山幸二（西武）⑥	佐々木誠（ダイエー）①	平井光親（ロッテ）①	デストラーデ（西武）②
田辺徳雄（西武）②	佐々木誠（ダイエー）②	秋山幸二（西武）⑦	高橋 智（オリックス）①	デストラーデ（西武）③
広瀬哲朗（日本ハム）①	秋山幸二（西武）⑧	佐々木誠（ダイエー）③	藤井康雄（オリックス）②	ブライアント（近鉄）①
広瀬哲朗（日本ハム）②	イチロー（オリックス）①	佐々木誠（西武）④	ライマー（ダイエー）①	ブライアント（近鉄）②
田中幸雄（日本ハム）③	イチロー（オリックス）②	ジャクソン（西武）①	佐々木誠（ダイエー）⑤	ニ ー ル（オリックス）①
田中幸雄（日本ハム）④	イチロー（オリックス）③	村松有人（ダイエー）①	田口 壮（オリックス）①	ニ ー ル（オリックス）②
松井稼頭央（西武）①	イチロー（オリックス）④	T《タフィ》・ローズ（近鉄）①	佐々木誠（西武）⑥	マルティネス（西武）①
松井稼頭央（西武）②	イチロー（オリックス）⑤	大村直之（近鉄）①	柴原 洋（ダイエー）①	ウィルソン（日本ハム）①
松井稼頭央（西武）③	イチロー（オリックス）⑥	T《タフィ》・ローズ（近鉄）②	谷 佳知（オリックス）①	クラーク（近鉄）①
松井稼頭央（西武）④	イチロー（オリックス）⑦	柴原 洋（ダイエー）②	オバンドー（日本ハム）①	ウィルソン（日本ハム）②
松井稼頭央（西武）⑤	T《タフィ》・ローズ（近鉄）③	谷 佳知（オリックス）②	礒部公一（近鉄）①	ボーリック（ロッテ）①
松井稼頭央（西武）⑥	谷 佳知（オリックス）③	T《タフィ》・ローズ（近鉄）④	小関竜也（西武）①	和田一浩（西武）①
松井稼頭央（西武）⑦	谷 佳知（オリックス）④	T《タフィ》・ローズ（近鉄）⑤	和田一浩（西武）①	カブレラ（西武）①
川﨑宗則（ダイエー）①	和田一浩（西武）②	SHINJO※（日本ハム）①	谷 佳知（オリックス）⑤	セギノール（日本ハム）①
西岡 剛※（ロッテ）①	和田一浩（西武）③	宮地克彦（ソフトバンク）①	M《マット》・フランコ（ロッテ）①	松中信彦（ソフトバンク）①
川﨑宗則（ソフトバンク）②	稲葉篤紀（日本ハム）①	松中信彦（ソフトバンク）①	和田一浩（西武）④	セギノール（日本ハム）②
TSUYOSHI※（ロッテ）②	稲葉篤紀（日本ハム）②	森本稀哲（日本ハム）①	大村直之（ソフトバンク）①	山﨑武司（楽天）①
中島裕之（西武）①	稲葉篤紀（日本ハム）③	栗山 巧（西武）①	リ ッ ク（楽天）①	T《タフィ》・ローズ（オリックス）①
中島裕之（西武）②	鉄 平（楽天）①	糸井嘉男（日本ハム）①	稲葉篤紀（日本ハム）④	山﨑武司（楽天）②
西岡 剛（ロッテ）③	多村仁志（ソフトバンク）①	T－岡田（オリックス）①	栗山 巧（西武）②	福浦和也（ロッテ）①
中島裕之（西武）③	糸井嘉男（日本ハム）②	内川聖一（ソフトバンク）①	栗山 巧（西武）③	フェルナンデス（西武）①
中島裕之（西武）④	糸井嘉男（日本ハム）③	角中勝也（ロッテ）①	内川聖一（ソフトバンク）②	ペーニャ（ソフトバンク）①
鈴木大地（ロッテ）①	長谷川勇也（ソフトバンク）①	内川聖一（ソフトバンク）③	中田 翔（日本ハム）①	アブレイユ（日本ハム）①
今宮健太（ソフトバンク）①	糸井嘉男（オリックス）④	柳田悠岐（ソフトバンク）①	中田 翔（日本ハム）②	中村剛也（西武）①
中島卓也（日本ハム）①	秋山翔吾（西武）①	柳田悠岐（ソフトバンク）②	清田育宏（ロッテ）①	李 大浩（ソフトバンク）①
鈴木大地（ロッテ）②	角中勝也（ロッテ）②	糸井嘉男（オリックス）⑤	西川遥輝（日本ハム）①	大谷翔平（日本ハム）①

＊○囲みの数字は同一リーグ・同一ポジションでの受賞回数

巻末付録 ベストナイン パ・リーグ 歴代受賞者一覧 [指名打者制導入以降]

年度	投手	捕手	一塁手	二塁手	三塁手
1975	鈴木啓示(近鉄)②	野村克也(南海)⑱	加藤秀司(阪急)②	マルカーノ(阪急)①	有藤道世※(ロッテ)⑦
1976	山田久志(阪急)③	野村克也(南海)⑲	加藤秀司(阪急)③	吉岡　悟(太平洋)①	藤原　満(南海)①
1977	山田久志(阪急)④	加藤俊夫(日本ハム)①	加藤秀司(阪急)④	マルカーノ(阪急)②	有藤道世(ロッテ)⑧
1978	鈴木啓示(近鉄)③	中沢伸二(阪急)①	柏原純一(日本ハム)①	マルカーノ(阪急)③	島谷金二(阪急)①
1979	山田久志(阪急)⑤	梨田昌崇(近鉄)①	加藤英司※(阪急)⑤	マルカーノ(阪急)④	島谷金二(阪急)②
1980	木田　勇(日本ハム)①	梨田昌崇(近鉄)②	レ オ ン(ロッテ)①	山崎裕之(西武)⑤	有藤道世(ロッテ)⑨
1981	村田兆治(ロッテ)①	梨田昌崇(近鉄)③	柏原純一(日本ハム)②	落合博満(ロッテ)①	有藤道世(ロッテ)⑩
1982	工藤幹夫(日本ハム)①	中沢伸二(阪急)②	柏原純一(日本ハム)③	落合博満(ロッテ)②	スティーブ(西武)①
1983	東尾　修(西武)①	香川伸行(南海)①	落合博満(ロッテ)①	大石大二郎※(近鉄)①	スティーブ(西武)②
1984	今井雄太郎(阪急)①	藤田浩雅(阪急)①	ブーマー(阪急)①	大石大二郎(近鉄)②	落合博満(ロッテ)①
1985	東尾　修(西武)①	伊東　勤(西武)①	デービス(近鉄)①	西村徳文(ロッテ)①	落合博満(ロッテ)②
1986	渡辺久信(西武)①	伊東　勤(西武)②	ブーマー(阪急)②	辻　発彦(西武)①	落合博満(ロッテ)③
1987	工藤公康(西武)①	伊東　勤(西武)③	ブーマー(阪急)③	白井一幸(日本ハム)①	石毛宏典(西武)①
1988	西崎幸広(日本ハム)①	伊東　勤(西武)④	清原和博(西武)①	福良淳一(阪急)①	松永浩美(阪急)①
1989	阿波野秀幸(近鉄)①	山下和彦(近鉄)①	ブーマー(オリックス)④	辻　発彦(西武)②	松永浩美(オリックス)②
1990	野茂英雄(近鉄)①	伊東　勤(西武)⑤	清原和博(西武)②	大石第二朗※(近鉄)③	松永浩美(オリックス)③
1991	郭　泰源(西武)①	伊東　勤(西武)⑥	トレーバー(近鉄)①	辻　発彦(西武)③	松永浩美(オリックス)④
1992	石井丈裕(西武)①	伊東　勤(西武)⑦	清原和博(西武)③	辻　発彦(西武)④	石毛宏典(西武)②
1993	工藤公康(西武)②	田村藤夫(日本ハム)①	石井浩郎(近鉄)①	辻　発彦(西武)⑤	石毛宏典(西武)③
1994	伊良部秀輝(ロッテ)①	吉永幸一郎(ダイエー)①	石井浩郎(近鉄)②	福良淳一(オリックス)②	松永浩美(ダイエー)⑤
1995	伊良部秀輝(ロッテ)②	中嶋　聡(オリックス)①	J《フリオ》・フランコ(ロッテ)①	小久保裕紀(ダイエー)①	初芝　清(ロッテ)①
1996	ヒルマン(ロッテ)①	吉永幸一郎(ダイエー)②	片岡篤史(日本ハム)①	大島公一(オリックス)①	中村紀洋(近鉄)①
1997	西口文也(西武)①	伊東　勤(西武)⑧	クラーク(近鉄)①	小久保裕紀(ダイエー)②	鈴木　健(西武)①
1998	西口文也(西武)②	伊東　勤(西武)⑨	クラーク(近鉄)②	J《フリオ》・フランコ(ロッテ)①	片岡篤史(日本ハム)①
1999	松坂大輔(西武)①	城島健司(ダイエー)①	小笠原道大(日本ハム)①	金子　誠(日本ハム)①	中村紀洋(近鉄)②
2000	松坂大輔(西武)②	城島健司(ダイエー)②	松中信彦(ダイエー)①	大島公一(オリックス)②	中村紀洋(近鉄)③
2001	松坂大輔(西武)③	城島健司(ダイエー)③	小笠原道大(日本ハム)②	井口資仁(ダイエー)①	中村紀洋(近鉄)④
2002	パウエル(近鉄)①	伊東　勤(西武)⑩	カブレラ(西武)①	高木浩之(西武)①	中村紀洋(近鉄)⑤
2003	斉藤和巳(ダイエー)①	城島健司(ダイエー)④	松中信彦(ダイエー)②	井口資仁(ダイエー)②	小笠原道大(日本ハム)①
2004	岩隈久志(近鉄)①	城島健司(ダイエー)⑤	松中信彦(ダイエー)③	井口資仁(ダイエー)③	小笠原道大(日本ハム)②
2005	杉内俊哉(ソフトバンク)①	城島健司(ソフトバンク)⑥	ズレータ(ソフトバンク)①	堀　幸一(ロッテ)①	今江敏晃(ロッテ)①
2006	斉藤和巳(ソフトバンク)②	里崎智也(ロッテ)①	小笠原道大(日本ハム)③	田中賢介(日本ハム)①	フェルナンデス(楽天)①
2007	ダルビッシュ有(日本ハム)①	里崎智也(ロッテ)②	カブレラ(西武)②	田中賢介(日本ハム)②	ラロッカ(オリックス)①
2008	岩隈久志(楽天)②	細川　亨(西武)①	カブレラ(オリックス)③	片岡易之(西武)①	中村剛也(西武)①
2009	ダルビッシュ有(日本ハム)②	田上秀則(ソフトバンク)①	高橋信二(日本ハム)①	田中賢介(日本ハム)③	中村剛也(西武)②
2010	和田　毅(ソフトバンク)①	嶋　基宏(楽天)①	カブレラ(オリックス)④	田中賢介(日本ハム)④	小谷野栄一(日本ハム)①
2011	田中将大(楽天)①	細川　亨(ソフトバンク)②	小久保裕紀(ソフトバンク)①	本多雄一(ソフトバンク)①	中村剛也(西武)③
2012	吉川光夫(日本ハム)①	鶴岡慎也(日本ハム)①	李　大浩(オリックス)①	田中賢介(日本ハム)⑤	中村剛也(西武)④
2013	田中将大(楽天)②	嶋　基宏(楽天)②	浅村栄斗(西武)①	藤田一也(楽天)①	マギー(楽天)①
2014	金子千尋(オリックス)①	伊藤　光(オリックス)①	メヒア(西武)①	藤田一也(楽天)②	銀　次(楽天)①
2015	大谷翔平(日本ハム)①	炭谷銀仁朗(西武)①	中田　翔(日本ハム)①	田中賢介(日本ハム)⑥	中村剛也(西武)⑤
2016	大谷翔平(日本ハム)②	田村龍弘(ロッテ)①	中田　翔(日本ハム)②	浅村栄斗(西武)①	レアード(日本ハム)①

※有藤道世＝有藤通世、加藤英司＝加藤秀司、大石第二朗＝大石大二郎、SHINJO＝新庄剛志、TSUYOSHI＝西岡剛

巻末付録 ゴールデングラブ賞 セ・リーグ 歴代受賞者一覧

三塁手	遊撃手	外野手	外野手	外野手
長嶋茂雄(巨人)①	バート(中日)①	高田　繁(巨人)①	山本浩司※(広島)①	柴田　勲(巨人)①
長嶋茂雄(巨人)② ボイヤー(大洋)①	藤田　平(阪神)①	高田　繁(巨人)②	山本浩司(広島)②	柴田　勲(巨人)②
ボイヤー(大洋)②	河埜和正(巨人)①	高田　繁(巨人)③	山本浩司(広島)③	柴田　勲(巨人)③
島谷金二(中日)①	藤田　平(阪神)②	山本浩二※(広島)④	高田　繁(巨人)④	ローン(中日)①
高田　繁(巨人)①	山下大輔(大洋)①	山本浩二(広島)⑤	柴田　勲(巨人)④	池辺　巌(阪神)①
高田　繁(巨人)②	山下大輔(大洋)②	山本浩二(広島)⑥	柴田　勲(巨人)⑤	若松　勉(ヤクルト)①
掛布雅之(阪神)①	山下大輔(大洋)③	山本浩二(広島)⑦	若松　勉(ヤクルト)②	ライトル(広島)①
掛布雅之(阪神)②	山下大輔(大洋)④	山本浩二(広島)⑧	スコット(ヤクルト)①	ライトル(広島)②
衣笠祥雄(広島)①	山下大輔(大洋)⑤	山本浩二(広島)⑨	ライトル(広島)③	スコット(ヤクルト)②
掛布雅之(阪神)③	山下大輔(大洋)⑥	ライトル(広島)④	山本浩二(広島)⑩	松本匡史(巨人)①
掛布雅之(阪神)④	山下大輔(大洋)⑦	平野　謙(中日)①	松本匡史(巨人)②	北村照文(阪神)①
掛布雅之(阪神)⑤	山下大輔(大洋)⑧	北村照文(阪神)②	長嶋清幸(広島)①	松本匡史(巨人)③
衣笠祥雄(広島)②	平田勝男(阪神)①	屋鋪　要(大洋)①	長嶋清幸(広島)②	山崎隆造(広島)①
掛布雅之(阪神)⑥	平田勝男(阪神)②	屋鋪　要(大洋)②	山崎隆造(広島)②	平野　謙(中日)②
衣笠祥雄(広島)③	平田勝男(阪神)③	平野　謙(中日)③	屋鋪　要(大洋)③	長嶋清幸(広島)③
原　辰徳(巨人)①	平田勝男(阪神)④	屋鋪　要(大洋)④	山崎隆造(広島)③	長嶋清幸(広島)④
原　辰徳(巨人)②	立浪和義(中日)①	屋鋪　要(大洋)⑤	山崎隆造(広島)④	彦野利勝(中日)①
ロードン(広島)①	川相昌弘(巨人)①	彦野利勝(中日)②	山崎賢一(大洋)①	栗山英樹(ヤクルト)①
岡崎　郁(巨人)①	川相昌弘(巨人)②	彦野利勝(中日)③	山崎賢一(大洋)②	柳田浩一(ヤクルト)①
角富士夫(ヤクルト)①	川相昌弘(巨人)③	レイノルズ(大洋)①	前田智徳(広島)①	飯田哲也(ヤクルト)①
オマリー(阪神)①	池山隆寛(ヤクルト)①	飯田哲也(ヤクルト)②	前田智徳(広島)②	亀山　努(阪神)①
石井琢朗(横浜)①	川相昌弘(巨人)④	前田智徳(広島)③	新庄剛志(阪神)①	飯田哲也(ヤクルト)③
石井琢朗(横浜)②	川相昌弘(巨人)⑤	前田智徳(広島)④	飯田哲也(ヤクルト)④	新庄剛志(阪神)②
石井琢朗(横浜)③	野村謙二郎(広島)①	飯田哲也(ヤクルト)⑤	緒方孝市(広島)①	音　重鎮(広島)①
江藤　智(広島)①	川相昌弘(巨人)⑥	緒方孝市(広島)②	飯田哲也(ヤクルト)⑥	新庄剛志(阪神)③
進藤達哉(横浜)①	宮本慎也(ヤクルト)①	飯田哲也(ヤクルト)⑦	緒方孝市(広島)③	新庄剛志(阪神)④
進藤達哉(横浜)②	石井琢朗(横浜)①	高橋由伸(巨人)①	緒方孝市(広島)④	新庄剛志(阪神)⑤
進藤達哉(横浜)③	宮本慎也(ヤクルト)②	高橋由伸(巨人)②	緒方孝市(広島)⑤	新庄剛志(阪神)⑥
岩村明憲(ヤクルト)①	宮本慎也(ヤクルト)③	新庄剛志(阪神)⑦	高橋由伸(巨人)③	松井秀喜(巨人)①
岩村明憲(ヤクルト)②	宮本慎也(ヤクルト)④	高橋由伸(巨人)④	松井秀喜(巨人)②	赤星憲広(阪神)①
岩村明憲(ヤクルト)③	宮本慎也(ヤクルト)⑤	松井秀喜(巨人)③	高橋由伸(巨人)⑤	福留孝介(中日)①
立浪和義(中日)①	宮本慎也(ヤクルト)⑥	赤星憲広(阪神)②	福留孝介(中日)②	高橋由伸(巨人)⑥
岩村明憲(ヤクルト)④	井端弘和(中日)①	アレックス(中日)①	英　智(中日)①	赤星憲広(阪神)③
岩村明憲(ヤクルト)⑤	井端弘和(中日)②	福留孝介(中日)③	赤星憲広(阪神)④	金城龍彦(横浜)①
岩村明憲(ヤクルト)⑥	井端弘和(中日)③	福留孝介(中日)④	青木宣親(ヤクルト)①	赤星憲広(阪神)⑤
中村紀洋(中日)①	井端弘和(中日)④	青木宣親(ヤクルト)②	高橋由伸(巨人)⑦	金城龍彦(横浜)②
中村紀洋(中日)②	井端弘和(中日)⑤	青木宣親(ヤクルト)③	赤星憲広(阪神)⑥	鈴木尚広(巨人)①
宮本慎也(ヤクルト)①	井端弘和(中日)⑥	青木宣親(ヤクルト)④	松本哲也(巨人)①	亀井義行(巨人)①
宮本慎也(ヤクルト)②	梵　英心(広島)①	青木宣親(ヤクルト)⑤	廣瀬　純(広島)①	赤松真人(広島)①
宮本慎也(ヤクルト)③	鳥谷　敬(阪神)①	長野久義(巨人)①	青木宣親(ヤクルト)⑥	大島洋平(中日)①
宮本慎也(ヤクルト)④	井端弘和(中日)⑦	大島洋平(中日)②	長野久義(巨人)②	荒波　翔(DeNA)①
村田修一(巨人)①	鳥谷　敬(阪神)②	長野久義(巨人)③	丸　佳浩(広島)①	荒波　翔(DeNA)②
村田修一(巨人)②	鳥谷　敬(阪神)③	丸　佳浩(広島)②	大島洋平(中日)③	大　和(阪神)①
川端慎吾(ヤクルト)①	鳥谷　敬(阪神)④	福留孝介(阪神)⑤	丸　佳浩(広島)③	大島洋平(中日)④
村田修一(巨人)③	坂本勇人(巨人)①	丸　佳浩(広島)④	大島洋平(中日)⑤	鈴木誠也(広島)①

＊○囲みの数字は同一リーグ・同一ポジションでの受賞回数。1972〜85年は「ダイヤモンドグラブ賞」の名称

巻末付録　ゴールデングラブ賞　セ・リーグ　歴代受賞者一覧

年度	投手	捕手	一塁手	二塁手
1972	堀内恒夫(巨人)①	大矢明彦(ヤクルト)①	王　貞治(巨人)①	シピン(大洋)①
1973	堀内恒夫(巨人)②	田淵幸一(阪神)①	王　貞治(巨人)②	シピン(大洋)②
1974	堀内恒夫(巨人)③	田淵幸一(阪神)②	王　貞治(巨人)③	高木守道(中日)①
1975	堀内恒夫(巨人)④	大矢明彦(ヤクルト)②	王　貞治(巨人)④	大下剛史(広島)①
1976	堀内恒夫(巨人)⑤	大矢明彦(ヤクルト)③	王　貞治(巨人)⑤	ジョンソン(巨人)①
1977	堀内恒夫(巨人)⑥	大矢明彦(ヤクルト)④	王　貞治(巨人)⑥	高木守道(中日)②
1978	堀内恒夫(巨人)⑦	大矢明彦(ヤクルト)⑤	王　貞治(巨人)⑦	土井正三(巨人)①
1979	西本　聖(巨人)①	若菜嘉晴(阪神)①	王　貞治(巨人)⑧	高木守道(中日)③
1980	西本　聖(巨人)②	大矢明彦(ヤクルト)⑥	王　貞治(巨人)⑨	基　満男(大洋)①
1981	西本　聖(巨人)③	山倉和博(巨人)①	藤田　平(阪神)①	篠塚利夫(巨人)①
1982	西本　聖(巨人)④	中尾孝義(中日)①	中畑　清(巨人)①	篠塚利夫(巨人)②
1983	西本　聖(巨人)⑤	山倉和博(巨人)②	中畑　清(巨人)②	高木　豊(大洋)①
1984	西本　聖(巨人)⑥	達川光男(広島)①	中畑　清(巨人)③	篠塚利夫(巨人)③
1985	西本　聖(巨人)⑦	木戸克彦(阪神)①	中畑　清(巨人)④	岡田彰布(阪神)①
1986	北別府学(広島)①	達川光男(広島)②	中畑　清(巨人)⑤	篠塚利夫(巨人)④
1987	桑田真澄(巨人)①	山倉和博(巨人)③	中畑　清(巨人)⑥	正田耕三(広島)①
1988	桑田真澄(巨人)②	達川光男(広島)③	中畑　清(巨人)⑦	正田耕三(広島)②
1989	西本　聖(中日)⑧	中尾孝義(巨人)②	駒田徳広(巨人)①	正田耕三(広島)③
1990	斎藤雅樹(巨人)①	古田敦也(ヤクルト)①	駒田徳広(巨人)②	正田耕三(広島)④
1991	桑田真澄(巨人)③	古田敦也(ヤクルト)②	駒田徳広(巨人)③	正田耕三(広島)⑤
1992	斎藤雅樹(巨人)②	古田敦也(ヤクルト)③	パチョレック(阪神)①	和田　豊(阪神)①
1993	今中慎二(中日)① 桑田真澄(巨人)④	古田敦也(ヤクルト)④	駒田徳広(巨人)④	和田　豊(阪神)②
1994	桑田真澄(巨人)⑤	西山秀二(広島)①	駒田徳広(横浜)⑤	和田　豊(阪神)③
1995	斎藤雅樹(巨人)③	古田敦也(ヤクルト)⑤	駒田徳広(横浜)⑥	立浪和義(中日)①
1996	斎藤雅樹(巨人)④	西山秀二(広島)②	駒田徳広(横浜)⑦	立浪和義(中日)②
1997	桑田真澄(巨人)⑥	古田敦也(ヤクルト)⑥	駒田徳広(横浜)⑧	立浪和義(中日)③
1998	桑田真澄(巨人)⑦	谷繁元信(横浜)①	駒田徳広(横浜)⑨	R《ロバート》・ローズ(横浜)①
1999	上原浩治(巨人)①	古田敦也(ヤクルト)⑦	駒田徳広(横浜)⑩	仁志敏久(巨人)①
2000	工藤公康(巨人)①	古田敦也(ヤクルト)⑧	ペタジーニ(ヤクルト)①	仁志敏久(巨人)②
2001	野口茂樹(中日)①	古田敦也(ヤクルト)⑨	ペタジーニ(ヤクルト)②	仁志敏久(巨人)③
2002	桑田真澄(巨人)⑧	阿部慎之助(巨人)①	ペタジーニ(ヤクルト)③	仁志敏久(巨人)④
2003	上原浩治(巨人)②	矢野輝弘(阪神)①	アリアス(阪神)①	今岡　誠(阪神)①
2004	川上憲伸(中日)①	古田敦也(ヤクルト)⑩	渡邉博幸(中日)①	荒木雅博(中日)①
2005	黒田博樹(広島)①	矢野輝弘(阪神)②	シーツ(阪神)①	荒木雅博(中日)②
2006	川上憲伸(中日)②	谷繁元信(中日)②	シーツ(阪神)②	荒木雅博(中日)③
2007	川上憲伸(中日)③	谷繁元信(中日)③	シーツ(阪神)③	荒木雅博(中日)④
2008	石川雅規(ヤクルト)①	阿部慎之助(巨人)②	新井貴浩(阪神)① 栗原健太(広島)①	荒木雅博(中日)⑤
2009	ゴンザレス(巨人)①	谷繁元信(中日)④	栗原健太(広島)②	荒木雅博(中日)⑥
2010	前田健太(広島)①	城島健司(阪神)①	該当者なし	平野恵一(阪神)①
2011	浅尾拓也(中日)①	谷繁元信(中日)⑤	栗原健太(広島)③	平野恵一(阪神)②
2012	前田健太(広島)②	谷繁元信(中日)⑥	畠山和洋(ヤクルト)①	田中浩康(ヤクルト)①
2013	前田健太(広島)③	阿部慎之助(巨人)③	J《ホセ》・ロペス(巨人)①	菊池涼介(広島)①
2014	前田健太(広島)④	阿部慎之助(巨人)④	森野将彦(中日)①	菊池涼介(広島)②
2015	前田健太(広島)⑤	中村悠平(ヤクルト)①	畠山和洋(ヤクルト)②	菊池涼介(広島)③
2016	菅野智之(巨人)①	石原慶幸(広島)①	J《ホセ》・ロペス(DeNA)②	菊池涼介(広島)④

※山本浩司＝山本浩二

巻末付録 ゴールデングラブ賞 パ・リーグ 歴代受賞者一覧

三塁手	遊撃手	外野手	外野手	外野手
有藤通世※(ロッテ)①	大橋　穣(阪　急)①	福本　豊(阪　急)①	池辺　巌(ロッテ)①	広瀬叔功(南　海)①
有藤通世(ロッテ)②	大橋　穣(阪　急)②	福本　豊(阪　急)②	島野育夫(南　海)①	弘田澄男(ロッテ)①
有藤通世(ロッテ)③	大橋　穣(阪　急)③	福本　豊(阪　急)③	弘田澄男(ロッテ)②	島野育夫(南　海)②
有藤道世※(ロッテ)④	大橋　穣(阪　急)④	弘田澄男(ロッテ)③	福本　豊(阪　急)④	島野育夫(南　海)③
藤原　満(南　海)①	大橋　穣(阪　急)⑤	福本　豊(阪　急)⑤	弘田澄男(ロッテ)④	ウィリアムス(阪　急)①
島谷金二(阪　急)①	大橋　穣(阪　急)⑥	福本　豊(阪　急)⑥	弘田澄男(ロッテ)⑤	大熊忠義(阪　急)①
島谷金二(阪　急)②	大橋　穣(阪　急)⑦	福本　豊(阪　急)⑦	簑田浩二(阪　急)①	ウィリアムス(阪　急)②
島谷金二(阪　急)③	高代延博(日本ハム)①	福本　豊(阪　急)⑧	簑田浩二(阪　急)②	平野光泰(近　鉄)①
羽田耕一(近　鉄)①	水上善雄(ロッテ)①	福本　豊(阪　急)⑨	平野光泰(近　鉄)②	簑田浩二(阪　急)③
藤原　満(南　海)②	石毛宏典(西　武)①	島田　誠(日本ハム)①	福本　豊(阪　急)⑩	簑田浩二(阪　急)④
古屋英夫(日本ハム)①	石毛宏典(西　武)②	福本　豊(阪　急)⑪	簑田浩二(阪　急)⑤	島田　誠(日本ハム)②
古屋英夫(日本ハム)②	石毛宏典(西　武)③	簑田浩二(阪　急)⑥	島田　誠(日本ハム)③	福本　豊(阪　急)⑫
松永浩美(阪 急)①	弓岡敬二郎(阪　急)①	簑田浩二(阪　急)⑦	島田　誠(日本ハム)④	高沢秀昭(ロッテ)①
古屋英夫(日本ハム)③	石毛宏典(西　武)④	島田　誠(日本ハム)⑤	簑田浩二(阪　急)⑧	金森永時(西　武)①
古屋英夫(日本ハム)④	石毛宏典(西　武)⑤	山本和範(南　海)①	西岡良洋(西　武)①	山森雅文(阪　急)①
石毛宏典(西　武)①	弓岡敬二郎(阪　急)②	秋山幸二(西　武)①	高沢秀昭(ロッテ)②	島田　誠(日本ハム)⑥ 新井宏昌(近　鉄)①
石毛宏典(西　武)②	田中幸雄(日本ハム)①	秋山幸二(西　武)②	平野　謙(西　武)①	高沢秀昭(ロッテ)③
松永浩美(オリックス)②	田辺徳雄(西　武)①	秋山幸二(西　武)③	平野　謙(西　武)②	本西厚博(オリックス)①
松永浩美(オリックス)③	田中幸雄(日本ハム)②	秋山幸二(西　武)④	平野　謙(西　武)③	西村徳文(ロッテ)①
石毛宏典(西　武)③	田中幸雄(日本ハム)③	秋山幸二(西　武)⑤	平野　謙(西　武)④	佐々木誠(ダイエー)①
石毛宏典(西　武)④	田辺徳雄(西　武)②	秋山幸二(西　武)⑥	平野　謙(西　武)⑤	佐々木誠(ダイエー)②
石毛宏典(西　武)⑤	広瀬哲朗(日本ハム)①	秋山幸二(西　武)⑦	佐々木誠(ダイエー)③	平野　謙(西　武)⑥
松永浩美(ダイエー)④	広瀬哲朗(日本ハム)②	秋山幸二(ダイエー)⑧	佐々木誠(西　武)④	イチロー(オリックス)①
馬場敏史(オリックス)①	田中幸雄(日本ハム)④	イチロー(オリックス)②	秋山幸二(ダイエー)⑨	田口　壮(オリックス)①
馬場敏史(オリックス)②	田中幸雄(日本ハム)⑤	イチロー(オリックス)③	田口　壮(オリックス)②	秋山幸二(ダイエー)⑩
片岡篤史(日本ハム)①	松井稼頭央(西　武)①	イチロー(オリックス)④	田口　壮(オリックス)③	井出竜也(日本ハム)①
片岡篤史(日本ハム)②	松井稼頭央(西　武)②	イチロー(オリックス)⑤	大村直之(近　鉄)①	大友　進(西　武)①
中村紀洋(近　鉄)①	小坂　誠(ロッテ)①	イチロー(オリックス)⑥	秋山幸二(ダイエー)⑪	大友　進(西　武)②
中村紀洋(近　鉄)②	小坂　誠(ロッテ)②	イチロー(オリックス)⑦	田口　壮(オリックス)④	柴原　洋(ダイエー)①
中村紀洋(近　鉄)③	小坂　誠(ロッテ)③	田口　壮(オリックス)⑤	柴原　洋(ダイエー)②	谷　佳知(オリックス)①
中村紀洋(近　鉄)④	松井稼頭央(西　武)③	小関竜也(西　武)①	谷　佳知(オリックス)②	井出竜也(日本ハム)②
小笠原道大(日本ハム)①	松井稼頭央(西　武)④	村松有人(ダイエー)①	谷　佳知(オリックス)③	大村直之(近　鉄)② 柴原　洋(ダイエー)③
中村紀洋(近　鉄)⑤	川﨑宗則(ダイエー)①	SHINJO※(日本ハム)①	村松有人(オリックス)②	谷　佳知(オリックス)④
今江敏晃(ロッテ)①	小坂　誠(ロッテ)④	SHINJO(日本ハム)②	サブロー(ロッテ)①	大村直之(ソフトバンク)③
今江敏晃(ロッテ)②	川﨑宗則(ソフトバンク)②	森本稀哲(日本ハム)①	SHINJO(日本ハム)③	稲葉篤紀(日本ハム)①
今江敏晃(ロッテ)③	TSUYOSHI※(ロッテ)①	森本稀哲(日本ハム)②	稲葉篤紀(日本ハム)②	サブロー(ロッテ)②
今江敏晃(ロッテ)④	中島裕之(西　武)①	稲葉篤紀(日本ハム)③	森本稀哲(日本ハム)③	坂口智隆(オリックス)①
小谷野栄一(日本ハム)①	金子　誠(日本ハム)①	糸井嘉男(日本ハム)①	坂口智隆(オリックス)②	稲葉篤紀(日本ハム)④
小谷野栄一(日本ハム)②	西岡　剛(ロッテ)②	糸井嘉男(日本ハム)②	坂口智隆(オリックス)③	栗山　巧(西　武)①
松田宣浩(ソフトバンク)①	中島裕之(西　武)②	岡田幸文(ロッテ)①	糸井嘉男(日本ハム)③	坂口智隆(オリックス)④
小谷野栄一(日本ハム)③	中島裕之(西　武)③	陽　岱鋼(日本ハム)①	糸井嘉男(日本ハム)④	岡田幸文(ロッテ)②
松田宣浩(ソフトバンク)②	今宮健太(ソフトバンク)①	陽　岱鋼(日本ハム)②	糸井嘉男(オリックス)⑤	秋山翔吾(西　武)①
松田宣浩(ソフトバンク)③	今宮健太(ソフトバンク)②	陽　岱鋼(日本ハム)③	糸井嘉男(オリックス)⑥	柳田悠岐(ソフトバンク)①
松田宣浩(ソフトバンク)④	今宮健太(ソフトバンク)③	柳田悠岐(ソフトバンク)②	秋山翔吾(西　武)②	清田育宏(ロッテ)①
松田宣浩(ソフトバンク)⑤	今宮健太(ソフトバンク)④	秋山翔吾(西　武)③	陽　岱鋼(日本ハム)④	糸井嘉男(オリックス)⑦

*○囲みの数字は同一リーグ・同一ポジションでの受賞回数。1972～85年は「ダイヤモンドグラブ賞」の名称

巻末付録 ゴールデングラブ賞 パ・リーグ 歴代受賞者一覧

年度	投手	捕手	一塁手	二塁手
1972	足立光宏(阪　急)①	種茂雅之(阪　急)①	大杉勝男(東　映)①	大下剛史(東　映)①
1973	成田文男(ロッテ)①	野村克也(南　海)①	ジョーンズ(南　海)①	桜井輝秀(南　海)①
1974	足立光宏(阪　急)②	村上公康(ロッテ)①	パーカー(南　海)①	桜井輝秀(南　海)②
1975	足立光宏(阪　急)③	有田修三(近　鉄)①	加藤秀司(阪　急)①	マルカーノ(阪　急)①
1976	足立光宏(阪　急)④	有田修三(近　鉄)②	加藤秀司(阪　急)②	マルカーノ(阪　急)②
1977	山田久志(阪　急)①	加藤俊夫(日本ハム)①	加藤秀司(阪　急)③	山崎裕之(ロッテ)①
1978	山田久志(阪　急)②	中沢伸二(阪　急)①	柏原純一(日本ハム)①	マルカーノ(阪　急)③
1979	山田久志(阪　急)③	梨田昌崇(近　鉄)①	柏原純一(日本ハム)②	マルカーノ(阪　急)④
1980	木田　勇(日本ハム)①	梨田昌崇(近　鉄)②	小川　亨(近　鉄)①	山崎裕之(西　武)②
1981	山田久志(阪　急)④	梨田昌崇(近　鉄)③	柏原純一(日本ハム)③	山崎裕之(西　武)③
1982	山田久志(阪　急)⑤	大宮龍男(日本ハム)①	柏原純一(日本ハム)④	大石大二郎(近　鉄)①
1983	東尾　修(西　武)①	梨田昌崇(近　鉄)④	片平晋作(西　武)①	大石大二郎(近　鉄)②
1984	東尾　修(西　武)②	藤田浩雅(阪　急)①	山本功児(ロッテ)①	大石大二郎(近　鉄)③
1985	東尾　修(西　武)③	伊東　勤(西　武)①	山本功児(ロッテ)②	西村徳文(ロッテ)①
1986	東尾　修(西　武)④	伊東　勤(西　武)②	ブーマー(阪　急)①	辻　発彦(西　武)①
1987	東尾　修(西　武)⑤	伊東　勤(西　武)③	ブーマー(阪　急)②	白井一幸(日本ハム)①
1988	西崎幸広(日本ハム)①	伊東　勤(西　武)④	清原和博(西　武)①	辻　発彦(西　武)②
1989	阿波野秀幸(近　鉄)①	中嶋　聡(オリックス)①	愛甲　猛(ロッテ)①	辻　発彦(西　武)③
1990	渡辺久信(西　武)①	伊東　勤(西　武)⑤	清原和博(西　武)②	辻　発彦(西　武)④
1991	郭　泰源(西　武)①	伊東　勤(西　武)⑥	トレーバー(近　鉄)①	辻　発彦(西　武)⑤
1992	郭　泰源(西　武)②	伊東　勤(西　武)⑦	清原和博(西　武)③	辻　発彦(西　武)⑥
1993	野田浩司(オリックス)①	田村藤夫(日本ハム)①	清原和博(西　武)④	辻　発彦(西　武)⑦
1994	工藤公康(西　武)①	伊東　勤(西　武)⑧	清原和博(西　武)⑤	辻　発彦(西　武)⑧
1995	工藤公康(ダイエー)②	伊東　勤(西　武)⑨	J《フリオ》・フランコ(ロッテ)①	小久保裕紀(ダイエー)①
1996	西崎幸広(日本ハム)②	高田　誠(オリックス)①	片岡篤史(日本ハム)①	大島公一(オリックス)①
1997	西口文也(西　武)①	伊東　勤(西　武)⑩	髙木大成(西　武)①	大島公一(オリックス)②
1998	西口文也(西　武)②	伊東　勤(西　武)⑪	髙木大成(西　武)②	金子　誠(日本ハム)①
1999	松坂大輔(西　武)①	城島健司(ダイエー)①	小笠原道大(日本ハム)①	金子　誠(日本ハム)②
2000	松坂大輔(西　武)②	城島健司(ダイエー)②	小笠原道大(日本ハム)②	大島公一(オリックス)③
2001	松坂大輔(西　武)③	城島健司(ダイエー)③	小笠原道大(日本ハム)③	井口資仁(ダイエー)①
2002	西口文也(西　武)③	城島健司(ダイエー)④	小笠原道大(日本ハム)④	高木浩之(西　武)①
2003	松坂大輔(西　武)④	城島健司(ダイエー)⑤	福浦和也(ロッテ)①	井口資仁(ダイエー)②
2004	松坂大輔(西　武)⑤	城島健司(ダイエー)⑥	松中信彦(ダイエー)①	井口資仁(ダイエー)③
2005	松坂大輔(西　武)⑥	城島健司(ソフトバンク)⑦	福浦和也(ロッテ)②	西岡　剛※(ロッテ)①
2006	松坂大輔(西　武)⑦	里崎智也(ロッテ)①	小笠原道大(日本ハム)⑤	田中賢介(日本ハム)①
2007	ダルビッシュ有(日本ハム)①	里崎智也(ロッテ)②	福浦和也(ロッテ)③	田中賢介(日本ハム)②
2008	ダルビッシュ有(日本ハム)②	細川　亨(西　武)①	カブレラ(オリックス)①	田中賢介(日本ハム)③
2009	涌井秀章(西　武)①	鶴岡慎也(日本ハム)①	高橋信二(日本ハム)①	田中賢介(日本ハム)④
2010	涌井秀章(西　武)②	嶋　基宏(楽　天)①	小久保裕紀(ソフトバンク)①	田中賢介(日本ハム)⑤
2011	田中将大(楽　天)①	細川　亨(ソフトバンク)②	小久保裕紀(ソフトバンク)②	本多雄一(ソフトバンク)①
2012	田中将大(楽　天)②	炭谷銀仁朗(西　武)①	稲葉篤紀(日本ハム)①	本多雄一(ソフトバンク)②
2013	田中将大(楽　天)③	嶋　基宏(楽　天)②	浅村栄斗(西　武)①	藤田一也(楽　天)①
2014	金子千尋(オリックス)①	伊藤　光(オリックス)①	T－岡田(オリックス)①	藤田一也(楽　天)②
2015	涌井秀章(ロッテ)③	炭谷銀仁朗(西　武)②	中田　翔(日本ハム)①	L《ルイス》・クルーズ(ロッテ)①
2016	涌井秀章(ロッテ)④	大野奨太(日本ハム)①	中田　翔(日本ハム)②	藤田一也(楽　天)③

※有藤道世＝有藤通世、SHINJO＝新庄剛志、TSUYOSHI＝西岡剛

［著者プロフィール］

立浪和義　Kazuyoshi Tatsunami

1969年8月19日生まれ、大阪府摂津《せっつ》市出身。PL学園高校－中日ドラゴンズ（88～2009年）。小学4年生から「茨木ナニワボーイズ」で野球を始める。87年、PL学園の主将として甲子園春夏連覇を果たす。同年オフのドラフトで中日に1位で指名され、入団。背番号3。88年、開幕戦から2番ショートでフルイニング出場。華々しいデビューを飾る。その年のチームのリーグ優勝に貢献し、新人王（高卒1年目の受賞はセ・リーグの野手初）とゴールデングラブ賞（高卒新人としては初）を受賞。以降も、セカンドでの連続無失策712回というセ・リーグ記録（当時）を樹立するなど、巧打や好守で活躍。中心選手としてチームを引っ張り、03年7月5日対巨人戦（東京ドーム）で通算2000本安打を達成。07年オフより打撃コーチを兼任したのち、09年に惜しまれつつ引退。通算成績は、2586試合出場、打率.285、2480安打、171本塁打、1037打点。487二塁打は、現在も日本プロ野球記録として残っている。ベストナイン2回（96、04年）、ゴールデングラブ賞5回（88年ショート、95～97年セカンド、03年サード。3ポジションでの受賞は史上最多）。引退後は解説者の道に進み、さわやかな語り口と理論的な分析で、好評を得ている。13年、第3回WBC（ワールド・ベースボール・クラシック）日本代表に、打撃コーチとして参加。著書に『攻撃的守備の極意 ポジション別の鉄則&打撃にも生きるヒント』『長打力を高める極意 強く飛ばすプロの技術&投手・球種別の攻略法』『二遊間の極意 コンビプレー・併殺の技&他選手・攻撃との関係性』（いずれも、廣済堂出版刊）などがある。

［対談パートナー プロフィール］

赤星憲広　Norihiro Akahoshi

1976年4月10日生まれ、愛知県刈谷《かりや》市出身。大府《おおぶ》高校－亜細亜《あじあ》大学－JR東日本－阪神タイガース（2001～09年）。00年オフのドラフトで阪神から4位指名を受け、入団。プロ1年目の開幕を一軍で迎え、5月にはレギュラーに定着する。史上初の新人王と盗塁王のダブル受賞に加え、ゴールデングラブ賞も獲得し、一気にスター選手に。以降、05年まで5年連続盗塁王（セ・リーグ記録）、4年連続を含むゴールデングラブ賞6回、ベストナインにも2回選出される。しかし、頸椎椎間板《けいついついかんばん》ヘルニアや脊髄《せきずい》損傷など、たび重なるケガによって、09年で引退を余儀なくされた。通算成績は、1127試合出場、打率.295、1276安打、3本塁打、215打点、381盗塁（日本プロ野球記録歴代9位タイ）。現在は野球解説のほか、情報番組のコメンテイターとしても活躍中。

金子千尋　Chihiro Kaneko

1983年11月8日生まれ、新潟県三条市出身。長野商業高校－トヨタ自動車－オリックス・バファローズ（2005年～）。04年オフのドラフトの自由獲得枠でオリックスに入団。08年に開幕投手に指名され、先発ローテーションピッチャーの主軸に。10年に3連続を含む6完封で17勝を挙げ、最多勝に輝く。13年に最多奪三振（200個）、14年には最多勝（16勝）と最優秀防御率（1.98）の2冠のほか、MVP、沢村賞、ベストナイン、ゴールデングラブ賞、最優秀バッテリー賞（捕手・伊藤光《ひかる》）などで表彰され、球界屈指《くっし》の名投手となる。「七色の変化球を操《あやつ》る」と言われ、ストレートのほか、カーブ、シュート、スライダー、チェンジアップ、スプリット、カットボール、ツーシームなど、多彩な変化球を主体とした頭脳的なピッチングで、プロをうならせ、多くのファンを魅了している。

鈴木誠也　Seiya Suzuki

1994年8月18日生まれ、東京都荒川区出身。二松學舍《にしょうがくしゃ》大学附属高校－広島東洋カープ（2013年～）。二松學舍大附属高時代は投手で、野手も兼任していたが、甲子園出場経験はなし。しかし、打力と走力が評価され、12年オフのドラフトで広島から2位指名を受け、入団。野手に転向する。15年の開幕戦に、1番ライトでスタメン出場。以降、規定打席には至らずも、得点圏打率.358の勝負強さで頭角を現す。16年は対オリックス3連戦で6月17、18日に連続サヨナラ本塁打、19日に決勝本塁打を放ち、大ブレイク。チーム25年ぶりのリーグ優勝に大きく貢献し、ベストナインとゴールデングラブ賞を受賞。緒方孝市《おがたこういち》監督が評した「神《かみ》ってる」は新語・流行語大賞年間大賞に選ばれた。パワーと俊足に、広角に打てる技術を持つ若手選手として注目されている。

MASTERS METHOD

野球センスの極意

走攻守・バッテリー能力&マルチなセンスの磨き方

2017年9月15日　第1版第1刷
2019年5月30日　第1版第3刷

著者	立浪和義
協力	株式会社 T-WAVE
対談協力	赤星憲広　株式会社オフィスS.I.C 金子千尋　株式会社オリックス野球クラブ 鈴木誠也　株式会社広島東洋カープ
企画・プロデュース	寺崎江月（株式会社 no.1）
構成	大利実
撮影	石川耕三（私服・対談写真）　西田泰輔（鈴木誠也オビ写真）
写真協力	産経新聞社（ユニフォーム写真など）
装丁・本文デザイン	有限会社 デザインコンプレックス
DTP	株式会社 三協美術
編集協力	長岡伸治（株式会社 プリンシパル）　浅野博久（株式会社 ギグ） 根本明　松本恵
編集	岩崎隆宏（廣済堂出版）
発行者	後藤高志
発行所	株式会社 廣済堂出版 〒101-0052 東京都千代田区神田小川町2-3-13 M&Cビル7F 電話　編集 03-6703-0964／販売 03-6703-0962 FAX　販売 03-6703-0963 振替　00180-0-164137 URL　http://www.kosaido-pub.co.jp
印刷所・製本所	株式会社 廣済堂

ISBN978-4-331-52120-5　C0075